Heft 1

Ansprachen und Vorträge

bei der Eröffnungsfeier des Instituts am 19. Januar 1939
in der Universität Berlin

Zusammengestellt von

PROFESSOR DR. THEODOR SÜSS, BERLIN

1939. VIII, 101 Seiten. Preis RM 3.—

Veröffentlichungen des Berliner
Hochschulinstituts für Versicherungswissenschaft
herausgegeben von Professor Dr. THEODOR SÜSS, Berlin
Direktor des Instituts

Heft 2

Wirtschaftswissenschaftliche Forschungsaufgaben des Versicherungswesens

Von

Dr. jur., Dr. phil. W. ROHRBECK
Honorarprofessor an der Wirtschaftshochschule Berlin,
o. Prof. der Versicherungswissenschaft an der Universität Köln

Berlin 1939

Walter de Gruyter & Co.

VORM. G. J. GÖSCHEN'SCHE VERLAGSHANDLUNG — J. GUTTENTAG, VERLAGS-
BUCHHANDLUNG — GEORG REIMER — KARL J. TRÜBNER — VEIT & COMP.

Printed in Germany

Archiv-Nr. 24 77 39

Druck von Walter de Gruyter & Co., Berlin W 35

Inhaltsübersicht

Vorbemerkung

Die wissenschaftliche Bearbeitung von Grundfragen des Versicherungswesens wird in Deutschland seit Anfang des Jahrhunderts durch den Deutschen Verein für Versicherungswissenschaft geführt. Satzungsgemäß sollten sowohl die rechts- und wirtschaftswissenschaftlichen als auch die mathematischen und naturwissenschaftlichen Fragen behandelt werden. Individual- und Sozialversicherung, private und öffentlich-rechtliche Versicherungswirtschaft bildeten gemeinsam die Organe dieses Vereins und bestellten seine Geschäftsführung. In Hamburg und Köln entstanden örtliche Vereine, die in einem kleineren Rahmen gleichen Zwecken dienten. Die Dozenten der Lehrstühle für Versicherungswesen, Versicherungsrecht, Versicherungsmathematik und Versicherungsmedizin an den deutschen Hochschulen bedienten sich dieser Mittelpunkte und ihrer Organe zur Bekanntgabe ihrer Forschungsergebnisse. Die Vereine bestehen noch heute. Daneben sind an den Hochschulen in Leipzig, Berlin und Köln besondere Forschungseinrichtungen für Versicherungswissenschaft gegründet worden. Auch die Deutsche Wirtschaftswissenschaftliche Gesellschaft hat von ihrer unter Beteiligung der Versicherungswissenschaft und der Versicherungspraxis erfolgten Gründung an die versicherungswissenschaftliche Forschung als Aufgabe übernommen und eine besondere Abteilung für Versicherungswesen geschaffen.

Verfolgen wir die bisherigen Veröffentlichungen, so finden wir sehr wertvolle Arbeiten aus allen Gebieten des Versicherungswesens. Gemeinsam ist ihnen eine gewisse Aktualität des Stoffes. Vorzugsweise wurden die Zeitfragen, die jeweils für einzelne Versicherungszweige oder Versicherungsmaßnahmen auftauchten, behandelt. Der starke industrielle Aufschwung Deutschlands vor dem Weltkriege sorgte dafür, daß die Probleme sich häuften. Im Zuge dieser Entwicklung lag es, daß es meist Fragen der Technik, der Rechtsauslegung und Rechtserneuerung, der mathematischen Aufbauarbeit und medizinischen Beobachtungen waren, die einzeln aufgefaßt und größtenteils ohne Beziehung auf das Grundsätzliche erörtert wurden. Es bedeutet keine Kritik dieser wissenschaftlichen Arbeiten, wenn festgestellt wird, daß sie die Probleme meist nach der Richtung einer Ausdehnung des Versicherungswesens behandelten. Erst zuletzt wurde stärker die Kostenbedingtheit des Versicherungsschutzes, die Kalkulation und das Rechnungswesen gewürdigt.

Jedenfalls erreichten diese wissenschaftlichen Untersuchungen aber, daß die Abhängigkeit des wirtschaftlichen Erfolges von dem richtigen technischen Aufbau des Versicherungsgeschäftes allgemeines Wissensgut der Versicherungswirtschaft geworden und geblieben ist. In der deutschen Versicherungswirtschaft gab es selbst in der Zeit des stärksten Niederganges der deutschen Wirtschaft nur eine ganz verschwindende Zahl von Konkursen. Die deutsche Versicherungswirtschaft gehörte noch zur Zeit des politischen Umschwunges im Januar 1933 zu den gesündesten Zweigen der deutschen Wirtschaft. Schon vor dem Weltkriege von 1914, aber auch nach der Inflationsperiode war die deutsche Versicherungswirtschaft sehr stark mit dem Ausland verknüpft. In der Münchener Rückversicherungsgesellschaft strömte das Versicherungsgeschäft der ganzen Welt zusammen; an den ungeheuren Erdbebenschäden von San Franzisko hatten die großen deutschen Feuer- und Rückversicherungsunternehmungen bedeutenden Anteil genommen, in allen wichtigen Häfen der Erde bestanden deutsche Transportversicherungsagenturen.

Die politischen Grundsätze des Nationalsozialismus gaben der deutschen Versicherungswirtschaft neue Aufgaben. Nachdem Deutschland den Wiederaufbau seiner Wirtschaft ganz aus eigener Kraft bewirken mußte, richtete sich der Blick gewissermaßen von außen nach innen. Nicht mehr die Ausdehnung an sich konnte die Richtschnur für den Erfolg bilden, sondern die planmäßige Erfüllung der Aufgaben, die jeder Versicherungseinrichtung innerhalb der Volksgemeinschaft gestellt sind; nicht der geschäftliche, privatwirtschaftliche Ertrag jedes Betriebes, sondern seine Leistung für die Volksgemeinschaft entscheidet nunmehr über ihre Anerkennung in der heutigen deutschen Wirtschaft; der Auslandsverkehr der Versicherungswirtschaft muß darauf abgestellt werden, daß er die Devisenlage des Reiches berücksichtigt, also Deviseneinnahmen schafft; die mengen- und artmäßige Ausdehnung des Versicherungsschutzes muß hinter der Erfassung des letzten Unversicherten in den lebenswichtigen Versicherungszweigen zurücktreten.

Das Versicherungswesen erkennt von Monat zu Monat stärker, daß es mit seiner alten Methode, einer rein technischen Beurteilung der Wagnisse und der Kostenschätzung nicht mehr auskommt. Nie hat die Versicherungswirtschaft deutlicher die Abhängigkeit von der deutschen Gesamtwirtschaft erfahren. Jetzt erst wird die bisher in den Versicherungsbetrieben herrschende Auffassung überwunden, daß die Wirtschaft nichts mit der Politik zu tun habe. Gerade die nationalsozialistische Politik verändert wesentlich die Arbeits- und Verdienstgrundlagen der Versicherungswirtschaft im Interesse der Volksgemeinschaft. Zwar war von jeher der Versicherungsdienst ein Dienst am Volke. Schon Arnoldi war in den zwanziger Jahren des vorigen Jahrhunderts bei Gründung der Gothaer Versicherungsbanken von nationalpolitischen Gedankengängen ausgegangen. Aber der Dienst am Volke ist heute nicht nur im Vorhandensein und in der Güte des Versicherungsschutzes zu erreichen, sondern auch in seiner Preiswürdigkeit, in seiner Totalität, also in der Erfassung aller Bedrohten und in seiner Eignung für den nationalwirtschaftlichen Aufbau. Hinter diesem Wirken für die Volksgemeinschaft haben alle Bestrebungen zurückzutreten, die diese Eignung erschweren oder gar vereiteln können. Nicht nur die Theoretiker, die das schon lange ersehnten, nein auch die Leitung der gewerblichen Organisationen der Wirtschaft, also die Praktiker, erklären den Charakter der Versicherungswirtschaft als verändert. Versicherungswirtschaft ist treuhänderische Verwaltung der Belange der Volksgenossen, die den Gefahrenegmeinschaften der einzelnen Versicherungseinrichtungen angehören. Eine solche treuhänderische Verwaltung erfordert gemeinnützige Arbeit vom jüngsten Lehrling bis zum ältesten Betriebsführer. Diese Gemeinnützigkeit der Arbeit ist nichts Neues, sie besagt auch nicht die Einhaltung eines bestimmten Wirtschaftsgrundsatzes (Bedarfsdeckung), sondern sie ist nichts weiter, als die ehrliche Gesinnung, für Volk und Reich zu schaffen.

Die Wissenschaft soll dabei der Praxis ihre guten Dienste anbieten. Denn die Erfahrungen, auf die sich die Praxis sonst zu stützen sucht, sind durch Kriegs-, Inflations- und Deflationszeit entwertet. Die hier entstandenen Lücken können durch volkswirtschaftliche Marktforschung, betriebswirtschaftliche Kostenprüfung, Anwendung mathematischer Grundsätze auf bisher nicht von ihnen erfaßte Gebiete, medizinische Gesundheitsbeobachtungen am alten und jungen Volk ausgefüllt werden.

Wenn im Folgenden unternommen wird, die wirtschaftswissenschaftlichen Forschungsziele des Versicherungswesens darzulegen, so ist diese Arbeit als eine vorbereitende zu betrachten. Es soll weder behauptet werden, daß sich in den vorzutragenden Problemen die wissenschaftliche Aufbauarbeit am Versicherungswesen erschöpft, noch kann die Arbeit für sich beanspruchen, daß sie alle behandelten Fragen in einem Vorbild einer bereits das Ergebnis erkennenden Weise behandelt. Ihr Wert soll vielmehr hauptsächlich darin liegen, der Versicherungswirtschaft ein systematisches Programm der Ziele vorzulegen, damit diese ihre Auffassung dartun und die Ergänzung dazu geben kann.

Infolge der geschilderten Natur dieser Arbeit ist auch davon abgesehen worden, die Darstellung durch umfangreiche Hinweise auf das maßgebliche Schrifttum zu beschweren. Soweit sich die Darstellung indessen mit einzelnen Schriften besonders auseinandersetzt, sind sie ausdrücklich angegeben.

I. Begriff und Wesen der Versicherung

Die versicherungswissenschaftliche Forschung muß wie jede wissenschaftliche Forschung mit der Begriffsfestlegung beginnen. Wenn die Versicherung als Hilfsmittel der Wirtschaft in diese richtig eingeordnet werden soll, dann muß ihr Wesen feststehen, müssen ihre Grenzen klar erkennbar sein, dürfen also keine Zweifel darüber bestehen, wie sich das wirtschaftliche Hilfsmittel „Versicherung" von anderen wirtschaftlichen Hilfsmitteln, wie etwa Unterstützungswesen, Wohlfahrt, allgemeinem Sicherungsschutz u. dgl. unterscheidet. Die Wirtschaft muß daraus ersehen können, wann und wo die Versicherung einsetzt und wann sie andere Maßnahmen treffen muß. Auf die Bedeutung einer einwandfreien Bestimmung des Begriffes „Versicherung" hat auch der Leiter der Reichsgruppe: Versicherungen Hilgard in der Festschrift zu Schachts 60. Geburtstag besonders hingewiesen. Dabei ist zuänchst grundsätzlich zu bemerken, daß sich der Weltbegriff „Versicherung" auf Grund unseres nationalsozialistischen Gedankengutes nicht auf deutsche Verhältnisse anwenden läßt. Wir sehen in Deutschland die Versicherung lediglich als eine Aufgabe des Gemeinschaftslebens an. Solche Einrichtungen, die aus der Volksgemeinschaft erwachsen und von ihr getragen werden, eignen sich daher nicht als reine geschäftliche Mittelpunkte, sondern sie müssen sich der Besonderheit, der Verantwortung und der Achtung, die eine solche Gemeinschaftsbildung fordern kann, allezeit und grundsätzlich bewußt bleiben. Die Gemeinschaft darf also nur insoweit in Anspruch genommen werden als sie einem für die Volkswirtschaft wertvollen Zwecke ethischen Gehaltes dient. Wettversicherungen, wie sie in England gestattet sind, sind für uns keine Ziele, für die der Gemeinschaftsgedanke in Anspruch genommen werden kann, auch haben wir kein Verständnis dafür, daß einzelne Volksgenossen sich Einkommen oder Vermögen für besondere Eigenschaften wie Stimme, Auge, Geschmack, gute Figur u. dgl., die ihnen die Natur mitgegeben hat, durch die Gemeinschaft sichern lassen. Wir erkennen zwar jedem das Recht auf Arbeit zu, vermögen aber dieses Recht nicht auf jede von dem Einzelnen gewünschte, sondern nur auf eine von der Gesamtheit für nützlich erkannte Arbeit zu erstrecken. Eine Tänzerin, die auf Grund einer Veränderung ihrer Figur ihren ursprünglichen Beruf aufgeben muß, kann nach deutscher Auffassung nicht von der Volksgemeinschaft verlangen, daß ihr auf Grund dieser natürlichen Veränderung ihrer Glieder eine lebenslängliche Rente oder ein außergewöhnlich hohes Kapital gezahlt wird. Wenn solche Einzelwünsche in anderen Ländern zur Versicherung zugelassen werden, müssen wir in Deutschland ein solches Begehren schon aus grundsätzlichen Erwägungen ablehnen. Unser Begriff „Versicherung" ist also auf solche Ansprüche begrenzt, die im Interesse der Volksgemeinschaft liegen. Das ist ein wesentlicher Bestandteil der deutschen Begriffsbestimmung.

Nun gibt es aber ungeachtet des vorstehend Ausgeführten eine überraschend große Zahl von Begriffsbestimmungen, die hier im Einzelnen nicht wiedergegegben werden sollen, die sich aber grundsätzlich wie folgt unterscheiden:

1. Die Versicherung wird an gewisse wirtschaftliche Grundauffassungen angelehnt und daraus abgeleitet, z. B. den Tausch (Liefmann, Jessen), den Grenznutzen (Lindenbaum), den Bedarf (Gobbi, Wörner, Marschner, Große, Moldenhauer), das Sparmotiv (Hülsse).

2. Die Begriffsbestimmung wird vertraglich erfaßt, wobei die Juristen zum Teil eine Übereinstimmung von wirtschaftlicher und juristischer Begriffsbildung wünschen (v. Gierke, Schmidt-Rimpler, Silberschmidt).

3. Der Begriff wird aus einer theoretischen Verallgemeinerung des praktischen Vorganges gebildet (Krosta, Möller, Wagenführ, Leibl, aber auch Nerlich vom betriebswirtschaftlichen Standpunkt).

4. Die Versicherung wird als Gemeingut bezeichnet, wobei bisherige Grundmerkmale aus der Bedarfstheorie verwendet und neue Merkmale aus dem Gemeinschaftscharakter der Versicherung aufgestellt werden (Wirth-Fromm, Riebesell).

Dabei sind die älteren Theorien (Hermann, Adolf Wagner, Brämer u. dgl.) gar nicht mehr berücksichtigt.

Solange das Versicherungswesen wie in der Vorkriegszeit und noch bis zum politischen Umschwung auf sich gestellt war, und in der technischen Vervollkommnung des Versicherungsschutzes seine letzten Ziele erblickte, störte diese Mannigfaltigkeit von Begriffsfestsetzungen nicht besonders. Nachdem aber nunmehr eine planmäßige Neuordnung der gesamten deutschen Wirtschaft die Versicherungswirtschaft zwingt, sich zweckentsprechend einzugliedern, ist die Schaffung fester Begriffsgrundlagen nicht mehr zu entbehren. Die Wichtigkeit solcher Untersuchungen mag an der letzten Begriffsformulierung Riebesells erläutert werden. In der „Deutschen Versicherungswirtschaft" definiert Riebesell, der dort auch die Notwendigkeit einer Begriffsfestsetzung anerkennt, die Versicherung als „eine Gemeinschaft zum Ausgleich zufälligen, schützbaren Bedarfs mit dem geringsten Aufwand an Mitteln, die von der Gemeinschaft nach Maßgabe der getragenen Gefahr aufgebracht werden". In den Veröffentlichungen des Reichskuratoriums für Wirtschaftlichkeit Nr. 115 wandelt er sie dahin ab, daß Versicherung „die Bildung einer Gemeinschaft" wäre. Demgegenüber würde ich im Anschluß an die Gobbische Bedarfstheorie Versicherung definieren als: „die im Interesse der Volksgemeinschaft liegende, gegenseitige, nach technischen Grundlagen durchführbare Deckung zufälligen, in Geldwert auszudrückenden Bedarfs zahlreicher, gleichartig bedrohter, aber nicht gleichzeitig betroffener Wirtschaften".

Der Unterschied ist offensichtlich. Ich gehe vom wirtschaftlichen Grund der Versicherung, Riebesell von ihrer tatsächlichen Gestaltung aus. Nach meiner Meinung muß der Begriff „Versicherung" einen abstrakten Inhalt haben. Die Gestaltung der Versicherung (durch Gemeinschaft) ist also nicht dem, was Versicherung ausmacht, gleichzusetzen, sondern sie ist ihr Ausdruck. Daher ist Versicherung keine Gemeinschaft, wie Riebesell (in seiner ersten Definition) u. a. wie Wirth-Fromm behaupten, sondern sie braucht zu ihrer Verwirklichung Gemeinschaftsbildungen. Des weiteren habe ich in meiner Begriffsbestimmung nur die Gegenständlichkeit, nicht die Zielsetzung einbezogen. Wenn der Begriff „Versicherung" mit betriebswirtschaftlichen Forderungen belastet wird, ändert er sich vollständig. Es scheidet sodann von vornherein eine große Zahl von Einrichtungen aus dem Wirtschaftszweig „Versicherung" aus, die ihm bisher angehörten, die diese betriebswirtschaftlichen Voraussetzungen nicht aufweisen. Einer solchen Einengung des Begriffs müßte mithin, wenn der Begriff dem heutigen wirtschaftlichen Sprachgebrauch entsprechen soll, eine betriebswirtschaftliche Säuberung aller Betriebe des Versicherungswesens vorangehen, so daß nur noch solche übrig bleiben, die dieser Zielsetzung gerecht werden. Ist dies nicht erreicht, wird die Begriffsbestimmung den technischen Verhältnissen und rechtlichen Voraussetzungen nicht gerecht.

In meiner Definition habe ich mit Vorbedacht nur von technischen Grundlagen gesprochen und dabei vorgesehen, daß die Deckung nach solchen technischen Grundlagen erfolgen muß. Riebesell spaltet diese technischen Grundlagen auf und will lediglich diejenigen technischen Grundlagen gelten lassen, die die Deckung nach Maßgabe der getragenen Gefahr gestatten. Damit lehnt er den Charakter Versicherung für alle Einrichtungen ab, die z. B. heute noch auf Grund des einfachen Umlageverfahrens arbeiten, ferner vor allem für die einzelnen Sozialversicherungseinrichtungen, wie z. B. die Kranken-, Angestellten-, Invaliden-, Arbeitslosenversicherung, bei denen ja die technischen Grundlagen keineswegs nach Maßgabe der getragenen Gefahr aufgebaut sind. Wenn die Sozialversicherung aber nicht als Versicherung angesehen wird, was ist sie? Versorgung kann sie nach den wiederholten Erklärungen der Reichsregierung nicht sein.

Der Begriff muß also genau erforscht und festgelegt werden. Das erscheint von besonderer Wichtigkeit, wenn unter Voranstellung dieses Begriffes der Versicherung Riebesell die Vereinheitlichung des Rechnungswesens behandelt und damit für sie praktische Gestaltung verlangt.

Eine solche Klarstellung des Begriffes Versicherung wird auch die Ausmerzung von Wortbildungen gestatten, die heute noch in wissenschaftlichen Werken benutzt werden, aber einen Widerspruch in sich darstellen. Wenn Versicherung eine gegenseitige Deckung oder eine Gemeinschaftsbildung zur Herbeiführung ihres Erfolges voraussetzt, kann es den Begriff „Selbstversicherung" überhaupt nicht geben[1]). Unter einer solchen Selbstversicherung wird verstanden, daß ein Einzelner, eine Firma, eine Gruppe die Beteiligung

[1]) Die Einrichtung der „Selbstversicherung" nach RVO § 1243 als freiwilliger Eintritt in die Versicherung wird aber von obigen Ausführungen nicht betroffen, obwohl auch hier der Begriff „Selbstversicherung" fehl geht, wohl aber RVO §§ 550 und 793. S. übrigens auch Mellerowicz in Heft 1 dieser Veröffentlichungen S. 32f.

an einer Gefahrengemeinschaft eines Versicherungsschutzes ablehnt, weil sie glaubt, in anderer Weise sich Rat schaffen zu können. Wer sich also von einer Gefahrengemeinschaft bewußt ausschließt, will gar nichts mit der Versicherung zu tun haben. Er will Einzelgänger sein und verzichtet auf die Hilfe der Gemeinscahft, die die Voraussetzung zu dem Erfolg der Versicherung ist. Wenn Geld auf Vorrat gesammelt wird, um dieses Geld gegebenenfalls für Unglücksfälle zur Verfügung zu haben, so hat dies mit Versicherung genau so wenig zu tun wie ein Sparvorgang. Auch wenn der einzelne Volksgenosse, der von der Versicherung Gebrauch macht, vereinbart, daß die Entschädigungspflicht des Versicherers erst von einer bestimmten Höhe des Schadens abhängt, übt er keine Selbstversicherung aus. Sein Versicherungsvertrag wird vielmehr erst von dieser Grenze ab wirksam. Das kann zu dem Wesen dieses Versicherungsvertrages gehören (wie bei der Kreditversicherung), es kann auch auf freiwilligem Entschluß beruhen (Kraftfahrzeugversicherung). Versicherung ist eine solche Selbstdeckung des Versicherungsnehmers in keinem Fall.

Diese begrifflichen Abgrenzungen können ferner zu einer grundsätzlichen Klärung der großen Untergruppen des Versicherungswesens führen, der Individualversicherung oder der Versicherung der eigenwirtschaftlichen Belange und der Sozialversicherung. Unsere Versicherungsgesetze haben keine einheitliche Terminologie. Das grundlegende Gesetz, das die Sozialversicherung behandelt, die Reichsversicherungsordnung, spricht nur von einer Reichsversicherung, zu der im Gegensatz eigentlich die Privatversicherung steht. Privatversicherung ist aber seit Jahrzehnten, auch in Verkennung der begrifflichen Grundlagen als Bezeichnung des Versicherungssystems der privatwirtschaftlich arbeitenden Versicherungseinrichtungen gegenüber dem Versicherungssystem der öffentlich-rechtlichen Versicherungsanstalten verwandt worden. Nach Einführung der gewerblichen Organisation der Wirtschaft ist ein systemmäßiger Unterschied zwischen den Betriebsformen nicht mehr zulässig, daher ist heute wieder der Begriff „Privatversicherung" frei geworden. Er würde gegenüber dem gesetzlichen Begriff „Reichsversicherung" den denkbar glücklichsten Gegensatz bilden. Diese Unterscheidung zwischen Reichs- und Privatversicherung hat außerdem den Vorteil, daß sie der rechtlichen Gestaltung am besten Rechnung trägt und keine neuen Probleme aufreißt.

Denn sonst würde es erforderlich sein, eine weitere Begriffsbestimmung für die Sozialversicherung zu schaffen. Seit ihrer Einrichtung hat sie die Fürsorge für die arbeitenden Klassen übernommen. Im Laufe der Jahre ist auf Grund vielfacher politischer Eingriffe ihre ursprüngliche Aufgabe erweitert, und der Kreis der Bedachten größer gezogen worden. Wenn die Sozialversicherung auch heute noch unbestritten in das größere Gebiet der Sozialpolitik gehört, so sind auch deren Aufgaben ganz andere geworden. Denn die Sozialpolitik des Dritten Reiches ist keine Sozialpolitik für einzelne Klassen des Volkes, sondern geht das ganze Volk an. Wirtschaftliches und soziales Verhalten sind miteinander verschmolzen. Die alten Grenzen der Sozialversicherung bestehen daher nicht mehr. Die Reichsregierung teilt ihr ihre Aufgaben zu. Ein autoritärer Staat wird sich dabei immer nur von den jeweiligen Erfordernissen der tatsächlichen Verhältnisse leiten lassen. Die Veränderung der volkswirtschaftlichen Aufgabe der Versicherung zeigt sich ja bereits in der Zulassung der freiwilligen Rentenversicherung für Nichtversicherungspflichtige und in der Altersversicherung des Handwerks. Reichsversicherung und Privatversicherung werden zukünftig in unmittelbarer Verständigung ihre Aufgaben gegenseitig begrenzen.

Die begrifflichen Unklarheiten gehen aber bis in die Unterteilungen der Versicherung hinein. Daß die soziale Krankenversicherung Personenversicherung ist, ist unbestritten. Denn ihre Aufgabe ist es ja, die Person des Kranken, seine Arbeits- und Erwerbsfähigkeit wiederherzustellen. Die private Krankenversicherung ist dagegen überwiegend Vermögensschadenversicherung, weil ihre Hauptaufgabe im Ersatz der Krankheitskosten besteht. Soll auch die private Krankenversicherung in dieselbe Sphäre der sozialen Krankenversicherung eintreten — und der von der Akademie für Deutsches Recht aufgestellte Gesetzentwurf stellt sie der Personenversicherung gleich, — so müßte sie auch ihren Aufgabenkreis ändern, um sich dieser Änderung ihres Charakters anzupassen. Daß sie in Wochenhilfe und Sterbegeld, bei ganz vereinzelten Versicherungseinrichtungen in der Gewährung des Krankengeldes eine personenversicherungsmäßige Aufgabe miterfüllt, kann ihren überwiegenden Schadensversicherungscharakter kaum begrifflich beeinflussen. Die Anordnung des Reichswirtschaftsministers zur Neugliederung der Reichsgruppe Versicherungen vom 8. 9. 39 ist sicherlich nicht begrifflichen Gedankengängen, sondern reinen Zweckmäßigkeitsgesichtspunkten gefolgt. Die Schaffung einer Wirtschaftsgruppe „Sachversicherung“ bedeutet jedenfalls keine vollständige Erfassung aller Sachversicherungszweige in dieser Gruppe.

Weiter fehlt es auch an festen Begriffsmerkmalen für Versicherungsart und Versicherungszweig, ferner an der Erkenntnis darüber, wie die Versicherungsarten beschaffen sein müssen, um einen Versicherungszweig zu bilden. Im Schrifttum gehen diese Begriffe durcheinander.

Schließlich zeigt das Wissen von dem Wesen der Versicherung auch die Grenzen ihrer Anwendung auf und erleichtert damit die richtige Eingliederung der Versicherung in die Gesamtwirtschaft.

II. Grundfragen der Wirtschaftsführung

Die wissenschaftliche Forschung im Versicherungswesen wird sich zunächst mit den Grundfragen der Wirtschaftsführung zu beschäftigen haben.

a) Volkswirtschaftliche Grundfragen

Die Versicherungswirtschaft ist im wesentlichen so übernommen worden, wie sie vor dem politischen Umbruch bestand. Das war an sich völlig unbedenklich, weil sie ja eine der wenigen Wirtschaftszweige war, die innerlich gesund ins Dritte Reich marschierten. Das Vorhandensein von klugen und besonnenen Betriebsführern, einer sorgfältigen Verwaltungsaufsicht und gerechter Vertragsordnungen ist der Grund für die Gesunderhaltung gewesen. Wesentlich hatte auch dazu beigetragen, daß die deutsche Versicherungswirtschaft keinerlei maßgebendem jüdischen Einfluß ausgesetzt gewesen war, sondern den Kern des Versicherungsgedankens als einer völkischen Selbsthilfeorganisation nach deutschen Grundsätzen von Recht und Billigkeit gepflegt hatte. Immerhin hatte eine großzügige kaufmännische Verwaltung der Versicherungsbetriebe nicht in allen Versicherungszweigen mit dem durch den Versailler Frieden verkleinerten Deutschland gerechnet. Der schöpferische Geist der Unternehmungen suchte auch nach dem verlorenen Weltkrieg von 1914 immer neue Versicherungsbedürfnisse zu wecken und erweiterte Versicherungsgelegenheiten zu schaffen, gerade wie es in den vorhergehenden Jahrzehnten geschehen war, ohne zu prüfen, ob für dieses Vorgehen auch dieselben Voraussetzungen bestanden wie früher. In dem Augenblick, in dem die nationalsozialistische Regierung vom Volke aus der Wirtschaft neue Aufgaben und Ziele aufzeigte, das Volk auf sich selbst verwies und es unabhängig von der Auslandswirtschaft machte, mußten sich auch für die Versicherungswirtschaft die Grundsätze ihrer bisherigen Betriebsführung ändern. Den ersten Anstoß dazu gab die öffentliche Bekundung, daß Versicherungswirtschaft nicht Erwerbswirtschaft sei, sondern gemeinnütziges Handeln voraussetze. Schon dieser Gedanke, daß Versicherungswirtschaft nur treuhänderische Verwaltung der Belange des Versicherungsnehmers ist und kein eigennützig arbeitendes geschäftliches Gewerbe sein darf, verlangte, daß die Versicherungswirtschaft ihre rein technische Wirksamkeit aufgab und in allen ihren Teilen den Anschluß an die Gesamtwirtschaft suchte.

Um zu der richtigen Einordnung der Versicherungswirtschaft in die Gesamtwirtschaft zu gelangen, müssen wir bei denjenigen Überlegungen beginnen, die die deutschen Länder anstellten, als sie die Gebäudefeuerversicherung schufen. Schon damals wollten sie mit der Errichtung der ersten Versicherungseinrichtungen nicht nur den technischen Ausgleich der Verluste aus Bränden erreichen, sondern neben der Förderung des Bauwesens durch Erleichterung des Grundkredits auch eine planmäßige Schadenverhütung aufbauen. Auch wir müssen uns heute darüber klar sein, daß das Volk an der Versicherung nicht nur als Schadensausgleich Interesse hat, sondern in ihrer Gestaltung bereits den Richtlinien der gesamten Wirtschaftsführung Rechnung trägt. Wir werden daher in allen Versicherungszweigen die Grenzen der Versicherungswirtschaft innerhalb der Volkswirtschaft zunächst danach abstecken müssen, daß wir der Schadenverhütung die erste Stelle in der Sicherung des werktätigen Lebens einräumen. Gesundheit und Vermögenswerte erhalten ist wichtiger als Heilung der Krankheit und Wertersatz. Die Leistungen des Versicherungswesens dürfen also die Sorgfalt der Wirtschaftsführung und des persönlichen Verhaltens nicht mindern. Wir brauchen nur an die Verkehrsunfälle zu denken, die täglich in bedauerlichstem Maße nicht nur Eigentum, sondern auch Leben der Volksgenossen bedrohen und mit denen sich der nationalsozialistische Staat unter keinen Umständen etwa deswegen abfinden kann, weil die geldlichen Schäden, die sie verursachen, durch Versicherung ausgeglichen werden können. Hier gilt es, Versicherungsbedingungen und Tarife so aufzubauen, daß jedem die Erhaltung von Leben und Eigentum zweckmäßiger erscheint als Krankheitsfürsorge und Versicherungsausgleich. In den verschiedenen Versicherungszweigen sind entsprechende Einschränkungen des Versicherungsschutzes daher unabänderlich. Sie müssen und können in Kauf genommen werden, weil sie dem Willen des Volkes entsprechen. Nachdem die Versicherungswirtschaft zur Treuhänderin der Belange des Volkes erklärt worden ist, ist nicht mehr zu befürchten, daß eine solche Anpassung ihrer Bedingungen an die Richtlinien der politischen Leitung wie bisher als engstirnige Willensbestimmung kapitalistischer Profitsucht angesehen wird.

Die Versicherungswirtschaft braucht überhaupt eine autoritäre Einordnung in die Gesamtwirtschaft, damit die letzten Reste von Mißtrauen in der öffentlichen Meinung beseitigt werden. Diese stammen aus der Zeit vor dem politischen Umbruch und waren darauf zurückzuführen, daß zwischen Versicherungsverwaltung und Versicherungsnehmern Gegensätze angenommen wurden. Solche Gegensätze bestanden zwar schon damals vielfach gar nicht. Ihre Behauptung konnte aber infolge der politischen Zerrissenheit Deutschlands niemals von Grund auf richtig beseitigt werden. Die bewußte Zurückführung alles versicherungsmäßigen Geschehens auf die völkische Gemeinschaft läßt solche Gegensätze schon grundsätzlich nicht mehr aufkommen. Jeder Volksgenosse wird vielmehr in dem Empfinden bestärkt, daß von selbst eine Auslese des Wichtigen und Wertvollen gefunden wird. Nicht alle Versicherungsgelegenheiten werden dabei der Prüfung standhalten, ob sie einem wirklichen Gemeinschaftsbedürfnis entspringen. Daß diese Prüfung aber von der politischen Leitung gewünscht wird, hat bereits die Novelle zum Versicherungsaufsichtsgesetz vom 5. März 1937 erkennen lassen, durch die an Stelle einer rein technischen Prüfung für die Zulassung neuer Versicherungseinrichtungen und der Aufnahme neuer Versicherungszweige die Untersuchung der örtlichen und gemeinwirtschaftlichen Bedürfnisse zu treten hat. Durch diese Novelle werden auch veränderte Gesichtspunkte für die Beurteilung der leitenden Kräfte von Versicherungseinrichtungen gegeben. Hier ist es Aufgabe der Wissenschaft, die Bedürfnisfrage mitzuprüfen, Umfang und volkswirtschaftliche Wirkung der einzelnen Versicherungszweige und Versicherungsarten darzulegen und nach dem Nutzen, den sie dem Volke bieten, ihren Wert festzustellen.

Noch völlig unerforscht ist dabei die Frage, in welchem Maße die deutsche Volkswirtschaft fähig ist, Versicherung aufzunehmen. Eine erweiterte Aufnahmefähigkeit wäre vorhanden, wenn die Kosten des Versicherungsschutzes abgewälzt werden könnten. Wir haben aber bisher keine genaue Einsicht darin, welche Versicherungsarten in ihren Kosten heute abgewälzt werden. Wir können uns auch kein Urteil bilden, inwieweit eine solche Abwälzbarkeit volkswirtschaftlich schädlich wäre, oder ob sie nicht ohne Schaden für die Volkswirtschaft im einzelnen sogar noch gefördert werden könnte, wenn damit eine größere Sicherheit des gesamten wirtschaftlichen Verkehrs erreicht würde. In der Transport- und Bauwesenversicherung ist die Abwälzung der Versicherungskosten von nicht unerheblicher wirtschaftlicher Bedeutung.

Aber auch bei dem rein persönlichen Sach- und Vermögensschutz, bei dem von vornherein mit einer Abwälzung nicht gerechnet werden kann, ist noch unbekannt, in welchem Umfange diese Kreise finanziell die Fähigkeit besitzen, Versicherungsschutz anzunehmen oder ihn zu erweitern. Zwar sind gelegentlich Haushaltsrechnungen aus Arbeiter- und Angestelltenhaushalten veröffentlicht worden, die einen gewissen Einblick in diese Fragen zu gestatten scheinen. Aber solange diese Untersuchungen ganz vereinzelt begegnen und sich meist auf bestimmte Berufsarten erstrecken, ist ein endgültiges Urteil nicht zu gewinnen. Selbst da, wo regelmäßig Buchführungsergebnisse gesammelt und verarbeitet werden, wie bei den Haushaltsrechnungen der bäuerlichen Betriebe, ist der Aufnahmefähigkeit für Versicherungsschutz noch nicht nachgegangen worden.

Was für den Haushalt des einzelnen Volksgenossen gilt, muß auch die Haushalte der juristischen Personen angehen. Wie wenig wissen wir heute von dem tatsächlichen Umfang der Versicherungsausgaben von Handelsfirmen und Industriewerken. Vor dem politischen Umbruch war zwar die Klage über die Belastung mit sozialen Versicherungsausgaben eine ständige Rubrik in der öffentlichen Meinung. Heute sind diese Beschwerden verstummt, weil erkannt wird, daß soziale Aufwendungen eine Steigerung der persönlichen Arbeitskraft und damit eine Vermehrung der Leistungen hervorrufen. Über die Belastung mit privatwirtschaftlichen Versicherungsausgaben erfährt höchstens der Werber im Außendienst etwas. Eine Kenntnis all dieser Umstände würde der Versicherungswirtschaft aber äußerst willkommen sein, weil sie dann sofort wüßte, wo der Hebel anzusetzen ist, um die drückendsten Ausgaben tragbarer zu gestalten, um ihre Arbeit also noch stärker den Bedürfnissen der Gesamtwirtschaft anzupassen.

Die Aufnahmefähigkeit für Versicherungen wird aber auch für die Frage entscheidend sein, wo die Grenze für die volkswirtschaftlich richtige Zahl und Größe der Versicherungseinrichtungen anzunehmen ist. Es herrscht Einmütigkeit darüber, daß zur Zeit in Deutschland zuviel Versicherungseinrichtungen für die Privatversicherung bestehen, wenngleich natürlich dabei die einzelnen Versicherungszweige ganz verschieden abschneiden. In der Ostmark und im Sudetengau ist bei der Neuregelung der dortigen Wirtschaft die dort gleichfalls übergroße Zahl von Versicherungseinrichtungen durch verschiedenartige Maßnahmen auf ein erheblich geringeres Maß zurückgeführt worden. Im Altreich hat die technische Durchprüfung der Sterbekassen schon wesentlich zu einer Verminderung dieser Vereine beigetragen, indem die Kassen mit nicht einwandfreien Rechnungsgrundlagen zur Verschmelzung mit gesunden Versicherungseinrichtungen oder zur Auflösung veranlaßt wurden. Damit ist aber der Vereinfachungsprozeß keineswegs abgeschlossen. In anderen Versicherungszweigen, vor allem in der Krankenversicherung mit ihren völlig übersetzten Kleinunternehmungen steht es ähnlich wie im Sterbekassenwesen. Es bestehen aber keine sicheren Erkenntnisse darüber, welche Größenverhältnisse in den einzelnen Versicherungszweigen volkswirtschaftlich am wertvollsten arbeiten. Es ist jedenfalls keineswegs so, daß ohne weiteres dem Großbetrieb in allen Versicherungszweigen die Vorherrschaft gebührt. Es scheint, daß einzelne Versicherungszweige sogar in großem Umfange kleine Kassen weiter benötigen werden (Tierversicherung), weil damit der Schadenverhütung und der Pflege der Versicherungswerte am besten gedient ist. Andere werden schon wegen der Unterbringung der Wagnisse voraussichtlich eine beachtliche Zahl von Mittelbetrieben neben den Großunternehmungen behalten müssen (Feuerversicherung). Dabei sind der geschäftliche Entwicklungsgang, die besondere Art der Zusammensetzung der einzelnen Gefahrengemeinschaften, die Standortsverhältnisse, das Vertrauen, das einzelne Versicherungseinrichtungen genießen u. dgl. von wesentlicher Bedeutung. Hier allein erwächst der Wissenschaft eine Fülle von Aufgaben, die sie am besten in enger Zusammenarbeit mit der Praxis und in Verknüpfung volks- und betriebswirtschaftlicher Untersuchungen bewältigen kann.

Manches könnte dabei auch aus einer anderweitigen Gestaltung der Geschäftsgebarung der Versicherungseinrichtungen gewonnen werden, als wir sie heute beobachten. Im Gegensatz zur Zeit vor dem Weltkrieg von 1914 hat sich in Deutschland das Warenhaussystem in der Versicherungswirtschaft sehr ausgebreitet. Die meisten Versicherungseinrichtungen führen viele, die großen möglichst alle Versicherungszweige und suchen da, wo sie den unmittelbaren Betrieb bestimmter Versicherungszweige nicht durchführen können, durch Tochtergesellschaften oder Interessengemeinschaftsverträge dem Mangel abzuhelfen. Es mag dahin gestellt bleiben, ob die organisatorischen Vorteile, die die Versicherungseinrichtungen sich von diesem Warenhaussystem versprochen haben, wirklich überall eingetreten sind. Zweifellos hat dieses Vorgehen aber auch Nachteile. Es werden nämlich eine Reihe von Versicherungszweigen mitgeschleppt, die weder durch den Umfang des in ihnen getätigten Bestandes noch durch ihre Ergebnisse bei richtiger Kostenrechnung den Betrieb lohnen. Sie genießen daher auch keine so gründliche und sorgfältige Bearbeitung, als sie in einer Versicherungseinrichtung genießen würden, die sich ausschließlich oder doch vorwiegend mit ihnen zu beschäftigen hätte. Es ist jedenfalls keineswegs erwiesen, daß den Versicherungssuchenden und Versicherungsnehmern mit diesem Warenhauscharakter der Versicherungseinrichtungen wirklich gedient ist. Dies bezieht sich sowohl auf den Innen- wie auf den Außendienst. Denn auch die Vertreter eignen und interessieren sich selten für viele Versicherungszweige. Der Versicherungsnehmer kann aber eine gewisse Verzögerung in der Erfüllung seines Schutzbegehrens durch eine größere Entfernung des zuständigen Vertreters von seinem Wohnsitz leichter in Kauf nehmen, wenn er damit eine bessere fachliche Beratung eintauschen würde, als daß er unzureichend und unvollständig unterrichtet wird. Es müßte also untersucht werden, ob es sich nicht empfiehlt, in einzelnen Versicherungszweigen wieder zu Spezialgesellschaften zu gelangen. Soweit einzelne Versicherungszweige aus verschiedenen Versicherungsarten gebildet werden, deren Gesamtergebnis ihre Erfolgswirtschaft gestalten soll (z. B. Kraftfahrzeug- und Luftversicherung), ist noch völlig ungewiß, in welcher Mischung diese einzelnen Versicherungsarten den günstigsten Ausgleich bieten. Denn es liegt im Wesen dieser Versicherungszweige, daß das Bedürfnis nach Versicherungsschutz vom Versicherungsnehmer meist nicht gleichzeitig in allen ihren Versicherungsarten und in jeder Versicherungsart wiederum nicht gleichmäßig gehegt wird, daß also der Kreis, der an dieser Gefahrengemeinschaft Beteiligten sich in jeder Versicherungsart aus verschiedenen Interessenten zusammensetzt. Soll aber eine planmäßige Versicherungswirtschaft betrieben werden, so ist die Kenntnis der günstigsten Mischung der einzelnen Versicherungsarten innerhalb des Versicherungszweiges und die Art der Geschäftszusammensetzung in jeder Versicherungsart zugleich eine Voraussetzung für den billigsten und zuverlässigsten Versicherungsschutz. Ein Mehrbedarf an besonders verlustreich verlaufendem Versicherungsschutz in einer Versicherungsart kann gegebenenfalls durch Vermehrung der Versicherungsverträge in anderen Versicherungsarten ausgeglichen werden oder aber eine völlige Tarifänderung auch der weniger verlustreichen Versicherungsarten hervorrufen.

Maßgebend bleibt in allem der volkswirtschaftliche Bedarf. Nach ihm muß sich die Entfaltung der Versicherungswirtschaft in erster Linie richten. Es kommt nicht mehr so sehr darauf an, irgendwelche Versicherungsabschlüsse zu tätigen und damit die Aufwärtsentwicklung der Versicherungseinrichtungen zu gewährleisten, sondern es gilt vielmehr, den volkswirtschaftlich bedeutsamen Versicherungsschutz zu verdichten, alle Volksgenossen, die noch nicht oder noch nicht genügend gesichert erscheinen, mit Versicherungsschutz zu versehen und dementsprechend eine zielbewußte Geschäfts- und Organisationsarbeit zu leisten. Ganz abgesehen von den betriebswirtschaftlichen Überlegungen, die hier auch wieder eine ausschlaggebende Rolle spielen können und die eine volkswirtschaftlich ungesunde Ausdehnung, wie z. B. durch Ausspannung, schon aus der Kostenanalyse verbieten, ist die Kenntnis des Marktes ein immer größeres, unerläßliches Hilfsmittel der Geschäftshandhabung. Die Erkundung des Marktes ist eine besondere, nach wissenschaftlichen Grundlagen zu betreibende Tätigkeit, die eine zuverlässigere Auskunft über die einzuschlagenden Wege der Organisation und Werbung verschafft, als das bisher so besonders gepriesene Fingerspitzengefühl der Betriebsführer. Eine gute Lösung wird die Verbindung von Marktkunde und Fingerspitzengefühl darstellen, so daß für den Unternehmungsgeist der leitenden Kräfte immer noch ein genügend weiter Spielraum im Kampf um die beste Leistung übrig bleibt. Auch hier stehen wir erst am Anfang der Untersuchungen. Gewisse Fachstatistiken, die erst mit der Errichtung der gewerblichen Organisation der Wirtschaft mit einer gewissen Sicherheit auf Vollständigkeit begonnen werden konnten, werden hier bessere Handhaben bieten, als sie bisher mit Einzelforschungen erzielt werden konnten.

Von einer sorgfältigen Erkundung des Marktes hängen viele Fragen ab, die den Wettbewerb und die Werbungsaufgaben der Versicherungseinrichtungen betreffen. Bekanntlich herrscht darüber Übereinstimmung, daß nicht nur die Zahl der Versicherungseinrichtungen, sondern auch der Außendienst dieser Versicherungseinrichtungen übersetzt ist. Die Berührung, die die Versicherungswirtschaft mit allen Berufs- und Bevölkerungskreisen des deutschen Volkes hat, hat es mit sich gebracht, daß der Außendienst der Versicherungseinrichtungen aus allen Lagern stammt. In der Zeit vor dem Weltkrieg von 1914 waren Hindernisse für eine solche unbegrenzte Ausdehnung der Organisation kaum gegeben. Denn die Möglichkeit bei einer vollbeschäftigten Wirtschaft immer wieder in den Beruf zurückkehren zu können, bewirkte eine natürliche Auslese der Besten aus jedem Beruf und Bevölkerungskreise, die dann zu dem Versicherungswesen endgültig übertraten. In der Inflationszeit und mit der zunehmenden Arbeitslosigkeit war das Angebot für den Außendienst der Versicherungseinrichtungen ungewöhnlich groß. Es bestand aber für die in den Versicherungsdienst Aufgenommenen nicht mehr die gleiche Gelegenheit, in den alten Beruf zurückzufinden. Eine große Masse von Gelegenheitsarbeitern und für den Versicherungsberuf Ungeeigneter bewegt sich seitdem bei den vorhandenen Versicherungseinrichtungen im Kreislauf. Ihre ungenügenden Erfolge führen sie nicht auf ihre mangelnde Eignung, sondern auf falsche organisatorische Maßnahmen der Versicherungseinrichtungen zurück. Dem ursprünglichen Beruf sind sie viel zu stark entfremdet, um heute wieder zu ihm zurückkehren zu können, in den Beruf der Versicherungsaußenbeamten sind sie gar nicht richtig eingedrungen. Jede Versicherungseinrichtung trägt eine gewisse Bürde solcher Belastung, die sich deshalb besonders auswirkt, weil sie auf der anderen Seite nicht versäumen darf, neue Kräfte aus der Wirtschaft anzunehmen. Denn nur eine ständige innere Verjüngung der lebendigen Beziehungen zwischen Versicherungsnehmern und Versicherungsverwaltung gewährleistet den wirklichen Fortschritt im Aufbau des Geschäfts. Nachdem auch die Berufsverbände der Versicherungsvertreter durch Eingliederung in die gewerbliche Organisation der Wirtschaft den gesamten Außendienst voll erfassen können, sind allgemeine Regelungen sowohl bei den Versicherungseinrichtungen als auch beim Außendienst erstmals durchgeführt worden, um der beobachteten Übersetzung des Außendienstes zu begegnen. Mit der Säuberung des Standes von unlauteren Elementen hat die Reinigungsarbeit begonnen, mit der Registrierung der hauptberuflichen Vertreter soll die weitere Obacht gesichert werden. Dazu tritt die stärkere Verpflichtung der Versicherungseinrichtungen, genaue Auskünfte einzuholen; bei den Wirtschaftsgruppen dient eine dazu neu geschaffene Auskunftsstelle, unwürdige und ungeeignete Personen vom Außendienst auszuschalten. Wissenschaftlich ist das große Gebiet der Organisation eigentlich überhaupt noch nicht bearbeitet. Es wurde bisher als ein den Praktiker allein angehendes Arbeitsgebiet angesehen. Natürlich ist es auch in erster Linie der Praxis vorbehalten, die jeweilig geeignete, schlagkräftige und erfolgreiche Organisation aufzubauen; aber in einer Zeit, in der es sich um einen allgemeinen Abbau der überflüssigen Kräfte handelt, damit diese in einer anderen zweckentsprechenderen Weise der Wirtschaft zugeführt werden können, fehlen Grundsätze, sachliche Erfahrungsunterlagen, statistische Feststellungen, um diesen Abbau in Bahnen zu lenken, die der weiteren Entwicklung der Versicherungswirtschaft nicht hinderlich sind. Volkswirtschaftlich ist auch die Frage noch zu beantworten, ob nicht eine gewisse Durchkämmung der Versicherungswirtschaft mit Angehörigen fremder Berufe diese nicht geradezu für ihre Aufgaben reifer macht.

Außer den geschilderten Belangen, die die innere Ausrichtung der Versicherungswirtschaft angehen, sind Untersuchungen erforderlich, wie die rein volkswirtschaftliche Wirkung der Versicherung noch ausgiebiger gestaltet werden kann. Volkswirtschaftlich stellen die Versicherungseinrichtungen große Sammelbecken dar, in denen aus allen Schichten des Volkes Einkommens- und Vermögensteile aufgefangen werden, um sie im Verteilungsgange des Bedarfes der Wirtschaft als solcher, also auch anderen Stellen als den Ausgangspunkten zur Verfügung zu stellen und darüber hinaus zur Geldsammlung und Kapitalbildung zu verwenden. Nach beiden Richtungen bereichert die Versicherungswirtschaft den Arbeitsmarkt. Dadurch, daß sie vorhanden ist, können stets sofort entstandene Schäden wieder gut gemacht werden, d. h. in den meisten Fällen erfolgen Aufträge an Industrie, Handel und Gewerbe, für die verlorengegangenen Güter neue Güter herzustellen. Dabei beschäftigt die Versicherung die Gebrauchsgewerbe genau so wie die Luxusgewerbe, fördert die Rohstofferzeugung, gibt der verarbeitenden Industrie, dem Handwerker, Künstler, Architekten, Wissenschaftler, überhaupt den freien Berufen (Ärzten, Zahnärzten, Tierärzten), willkommene Gelegenheit, ihre Dienste der Allgemeinheit zur Verfügung zu stellen. Selbst Gewerbe, die abseits vom Kreislauf der Wirtschaft stehen wie z. B. das Bestattungsgewerbe, versieht sie mit Aufträgen. Die Versicherungswirtschaft ist damit ungeachtet ihrer Beanspruchung des Arbeitsmarktes und ihrer eigenen Verwaltung eine der vielseitigsten Arbeitgeber, wenn sie auch meist nur eine mittelbare Hilfe gewährt. Wir wissen heute leider nichts darüber, in welchem Umfange die einzelnen Wirtschaftszweige durch die Versicherungswirtschaft laufend in Arbeit gesetzt werden und welchen Anteil dieses Eingreifen der Versicherungswirtschaft in ihrem Haushaltsetat einnimmt. Wir verkennen meistens auch die ungeheure Bedeutung, die darin für die Sicherheit der ganzen Wirtschaft liegt, daß eine solche Quelle ständigen Erneuerungswillens vorhanden ist, die nie versiegt und sich ständig verstärkt. Wie gering würden die Betriebskapitalien der Einzelwirtschaften sein, wenn sie diesen Hort des Schutzes nicht besäßen und sich aus Eigenem die Verluste ersetzen müßten! Auch hier mangelt es noch jeder wissenschaftlichen Untersuchung, welche Wirkung die Versicherung für die Ergiebigkeit der Gesamtwirtschaft ausübt.

Nun liegt es im technischen Aufbau des Versicherungswesens, daß nicht alle einlaufenden Mittel sofort wieder in der Wirtschaft in Umlauf kommen, sondern daß ein sehr erheblicher Teil dieser Mittel zur Erfüllung künftiger Versicherungsleistungen angelegt wird. Den Vorrang haben dabei die Personenversicherungszweige, die mit langjährigen Verträgen ihrer Versicherungsnehmer wirtschaften. Da etwa 6 Milliarden Reichsmark Versicherungsbeiträge alljährlich von der deutschen Bevölkerung aufgebracht werden, so sind etwa 1 ½—2 Milliarden Reichsmark davon anlagepflichtig, also Werte, die einen erheblichen Anteil an der Vermögensbildung des Volkes darstellen. Das Wesentliche dabei ist, daß diese Anlagemittel aus kleinen und kleinsten Beiträgen sich zusammensetzen, die für sich weder dem Einzelnen eine solche Verwertung seines Geldes ermöglichen, wie es die Versicherungseinrichtungen erreichen, noch meist überhaupt zur Ansammlung gelangen, weil sie gerade mit Rücksicht auf ihre Geringfügigkeit in den allgemeinen Verbrauch geraten, wenn die Versicherungswirtschaft sie nicht einholt. In einem gewissen Grade schützt die Versicherungswirtschaft also die gesamte Wirtschaft vor einem überflüssigen und unzweckmäßigen Verbrauch und fördert demgegenüber eine erhöhte, teilweise allerdings mittelbare Spartätigkeit. Im Gegensatz zur Zeit vor dem politischen Umbruch ist heute die Möglichkeit geschaffen, die Anlagewirtschaft aller Versicherungseinrichtungen nach den Bedürfnissen der Gesamtheit zu lenken. Das geschieht durch die gewerbliche Organisation der Wirtschaft. Mit diesen Anlagen gelingt es, neue Arbeitsgelegenheiten zu schaffen (Staatsanleihen, Gemeindedarlehen, Wohnungsbauten) und vorhandene Arbeitsstätten zu erhalten (Hypothekendarlehen, Darlehen auf Versicherungsscheine). Durch seine Anteilnahme an den Gefahrengemeinschaften erhält der einzelne Volksgenosse also nicht nur die Sicherheit des Schutzes vor eigenen Geldverlusten, sondern schafft sich durch die Gemeinschaft die Gewähr einer Aufrechterhaltung seines Arbeitsplatzes oder einer entsprechenden Verwendung seiner Arbeitskraft. Es ist errechnet worden, daß schon heute die Versicherungswirtschaft mit mindestens 20% an der Vermögensbildung des deutschen Volkes teilnimmt. Wir wissen auch, daß die Versicherungsdichte in Deutschland, vor allem in der Lebensversicherung noch erheblich hinter der Versicherungsdichte anderer Kulturländer zurücksteht. Ununtersucht ist indessen, welchen Platz die Versicherungswirtschaft in einer auf Ersparung weiterhin eingestellten Wirtschaftspolitik im Verhältnis zu den anderweitigen Sparmitteln noch einnehmen kann, wenn beispielsweise die Anlagen noch unmittelbarer dem Versicherungsnehmer zugeführt werden können, also der Eigenheimbau noch stärker gefördert, die Kreditfunktion des Lebensversicherungsvertrags ausgeweitet wird u. dgl.

Volkswirtschaftlich kann es auch von größter Bedeutung sein, diese schon jetzt Achtung gebietende Leistung der Gemeinschaftsarbeit als solche stärker herauszustellen, sie mehr und mehr in den Mittelpunkt der Werbung für den Versicherungsgedanken zu bringen und dadurch Selbsthilfeerfolg und Gemeinschaftsidee in dem Bewußtsein des Volkes noch tiefer zu verankern. Es ist kaum besonders beachtet worden, welche ungeheure Erziehungsarbeit gerade die Versicherungswirtschaft für die tragenden Gedanken unseres Wirtschaftssystems bereits geleistet hat und noch leisten kann. Aber es ist auch wissenschaftlich interessant, dieser mittelbaren Folge der Versicherungswirtschaft nachzugehen und in Verbindung damit die soziologischen Abhängigkeiten und Zusammenhänge zu erkennen, die das innere Leben der Gefahrengemeinschaften der Versicherungseinrichtungen betreffen und die für den Erfolg an der Gesamtwirtschaft zumindest die gleiche Beachtung verdienen, wie betriebswirtschaftliche Untersuchungen der technischen Grundlagen.

Schon dieser kurze Aufriß der volkswirtschaftlichen Forschungsaufgaben des Versicherungswesens zeigt die ungeheure Fülle von Betätigunsgmöglichkeiten und Betätigungsnotwendigkeiten. Hier hat die Wissenschaft die willkommene Gelegenheit, sich der Praxis als Helfer zur Verfügung zu stellen und kann in gemeinsamer Arbeit mit ihr die Vorurteile beseitigen, die gerade in der Versicherungspraxis bisher gegen wissenschaftliche Untersuchungen bestanden haben.

Zu den zahlreichen aufgeworfenen Fragen treten noch die wehrwirtschaftlichen Probleme des Versicherungswesens, zu denen soeben Wagenführ die ersten neuzeitlichen Sonderbeiträge über Kriegswirtschaft und Versicherung in den Veröffentlichungen des Instituts für Versicherungswissenschaft in Leipzig geliefert hat.

b) Betriebswirtschaftliche Grundfragen

Die Erkenntnis, daß Deutschland auf sich selbst in der Welt und seine eigenen Kräfte angewiesen ist, gibt auch für die Versicherungswirtschaft Richtlinien in der Bewirtschaftung der Betriebe. Die Verantwortung ist gewachsen, daß jede Versicherungsprämie auch möglichst restlos dem erwarteten Nutzen dient; denn von dem Nutzen, den die einzelne Versicherungseinrichtung dem Volke leistet, ist ihr Wert abhängig. Da die Versicherungswirtschaft nicht mehr für sich marschiert, sondern im Verbande der Gesamtwirtschaft, so muß sie mit dieser Schritt halten. Sie erhält Aufgaben, die sofort beginnen, für die eine rechnerische Sicherheit ihrer laufenden Erfüllung aber nicht sofort besteht. Die innere Einrichtung der Betriebe bedarf also einer grundsätzlichen Neuordnung. Das alte Rezept, am Lohn der Mitarbeiter zu sparen, um den Ertrag des Geschäftes zu erhöhen, ist nicht mehr anwendbar. Die Arbeit läuft nicht mehr dem Kapital nach, sondern das Kapital muß der Arbeit dienstbar werden.

Es müssen also neue Wege gesucht werden, die Wirtschaftlichkeit der Betriebe zu erhöhen. Jeder Arbeitsvorgang muß daraufhin geprüft werden, wie er leistungssteigernder gestaltet werden kann. Die Maschine ist nicht mehr der Feind des Arbeiters, sondern sein treuer Helfer. Teure Eigenbrödelei darf keinen Platz mehr haben, wo sinnvolle Vereinheitlichung und Vereinfachung billiger wirtschaftet.

Die Grundvoraussetzung für eine solche Revolutionierung des Arbeitsprozesses war die Beseitigung der Klassengegensätze zwischen Arbeitgeber und Arbeitnehmer durch das neue Arbeitsrecht. Auch die Versicherungseinrichtungen hatten keine günstigen Erfahrungen mit dem Betriebsrätegesetz und seiner Zerspaltung der Betriebe in verschiedene politische Lager gemacht. Mit einer innerlich so zerrissenen Gefolgschaft wäre eine Leistungssteigerung, wie wir sie brauchen, nicht zu erreichen gewesen. Die jetzigen gesetzlichen Grundlagen gestatten demgegenüber eine einheitlich ausgerichtete Betriebsgemeinschaft und Betriebsführung. Vor allem die gleichmäßige Unterordnung unter die großen Ziele der allgemeinen Wirtschaft begünstigt eine nach Fähigkeiten bestimmte Verteilung der Arbeitsaufgaben, ohne an kleinlichen Beschwerden zu scheitern, und schafft dadurch für die wirklichen Könner bisher nicht vorhandene Aufstiegsmöglichkeiten. Der Leistungskampf der Betriebe gibt alljährlich den Gefolgschaftsmitgliedern willkommene Gelegenheit, ihre Kenntnisse herauszustellen und sich dadurch noch über ihre betriebliche Sonderaufgabe hinaus bekannt zu machen. Auch können die Gefolgschaftsmitglieder überall zumindest durch Betriebsobmann und Vertrauensrat Helfer in der Vervollkommnung des Arbeitsprozesses werden. Auch hier hat die Wissenschaft ein interessantes Feld, indem sie die Innenorganisation der Betriebe untersucht, die zweckmäßige räumliche Folge der Abteilungen im Zuge der Erledigung der jeweils in Frage kommenden Versicherungsgeschäfte prüft und für Typisierung, Vereinfachung der Geschäftshandhabung, Leistungsmessung Richtlinien ausarbeitet. Dabei wird auch die Prüfung einer in den Versicherungsbetrieben gesteigerten Heranziehung weiblicher Arbeitskräfte auf Umfang und Güte der Arbeit durchgeführt werden müssen, nachdem für eine große Anzahl versicherungsmäßiger Arbeiten die an anderen Stellen der Wirtschaft fehlenden männlichen Kräfte eingespart werden müssen. Wir haben auch noch keine Übersichten, wie der bei Bevorzugung weiblicher Gefolgschaftsmitglieder stärker zu erwartende Wechsel in den einzelnen Tätigkeitsberufen den Betriebserfolg beeinflußt, welche Altersklassen die besten Leistungen aufweisen und wie der neugeschulte Nachwuchs sich im Aufstieg der Verantwortlichkeiten entwickeln läßt. Neuerdings enthalten die den Geschäftsabschlüssen regelmäßig beigegebenen Sozialberichte gewisse Übersichten über Zusammensetzung der Alter und Geschlechter. Überraschend ist aber noch die Verschiedenartigkeit der Höhe der Belegschaft in etwa gleichartigen Betrieben. Bei solchen Untersuchungen wäre auch eine größere Zuverlässigkeit darüber zu erstreben, welche Büromaschinen Vorteile zeigen, bei welcher Beanspruchung und bei welchem täglichen Arbeitseinsatz sie insbesondere Ersparnisse erreichen. Die persönliche Einsicht der Betriebsleiter wird hier durch sachliche Unterlagen sich noch erheblich vervollständigen lassen. Die satte Gemächlichkeit früherer Zeitläufte muß auch hier durch einen fortgesetzten Kampf um die beste Leistung ersetzt werden. Dabei handelt es sich also nicht nur um Kostensenkung, sondern auch um Arbeitsverbesserung, eine Beschleunigung der Arbeitserledigung und Sicherstellung ihrer genauen Behandlung.

Fernerhin spielen Fragen eine große Rolle, die die ganze Organisation des Betriebes erfassen. Es gibt sowohl stark zentralisierte Betriebe, besonders in der Personenversicherung, und völlig dezentralisierte in den Güterversicherungszweigen. Im letzten Falle bezieht sich diese Verteilung der Gewalten nicht nur auf den Außendienst, sondern auch auf die innere Verwaltung. Vielleicht sind bei den Versicherungseinrichtungen selbst über die Zweckmäßigkeit des einen oder des anderen Systems Feststellungen getroffen worden. Wissenschaftliche Untersuchungen darüber sind nicht bekannt. Dasselbe gilt von der sogenannten optimalen Größe für jeden Versicherungszweig und jede Zusammensetzung der Gefahrengemeinschaft. Auch das Warenhaussystem und die Verkoppelung von Versicherungsarten und Versicherungszweigen wird betriebswirtschaftlich genau untersucht werden können. Eine solche Untersuchung ist sogar besonders wichtig, weil sie danach das Tempo der Ausdehnung der einzelnen Betriebe richtiger bewerten und die Zweckmäßigkeit oder Notwendigkeit von Verschmelzungen beurteilen läßt.

Die Mannigfaltigkeit des Inkassos, nicht nur in den einzelnen Versicherungszweigen, sondern auch bei den einzelnen Betrieben, fordert eine genauere Untersuchung dieser für die Bestandserhaltung und Verbilligung des gesamten Geschäftes maßgeblichen Fragen geradezu heraus. Einzelne Versicherungseinrichtungen überlassen das Inkasso den Generalagenten, die dafür ihren Stab von Agenten heranziehen, andere pflegen im Inkasso einen unmittelbaren Geschäftsverkehr mit den Agenten und schalten ihre Generalagenten gewissermaßen aus, andere ziehen sogar von den Versicherungsnehmern unmittelbar die Prämien oder Beiträge ein. Viele Gründe für und gegen jede Art dieser Geschäftshandhabung werden in der Praxis laut. Eine wissenschaftliche Nachprüfung ist bisher kaum versucht.

In ähnlicher Weise sind die Auffassungen über die zweckmäßigste Zusammenarbeit von Innen- und Außendienst ganz abweichend. Nur die gleichartige Bewertung beider Arbeitsstellen hat sich aus dem Gedanken der Betriebsgemeinschaft durchgesetzt. Die Arbeitsgliederung und Arbeitsteilung, die der Innendienst bedingt, kann dem Erfolg des Außendienstes mit seiner universelleren Begabung gefährlich werden. Es lassen sich da noch mancherlei Methoden finden, um eine ausgeglichenere Zusammenarbeit zwischen Innen- und Außendienst zu gewährleisten.

Auch darüber herrscht kaum Klarheit, welche Art der Entlohnung die stärkste Wirkung auf die Leistungssteigerung hat.

Für den Innendienst bestand seit der Novemberrevolution ein Reichstarifvertrag, der von vielen Versicherungseinrichtungen überschritten, von einzelnen durch eine günstigere Eigenregelung mit Genehmigung des Treuhänders der Arbeit ersetzt worden war. Die Erfahrung hat gelehrt, daß ein solcher Tarifvertrag für aufwärtsstrebende Gefolgschaftsmitglieder eine schwere Fessel bedeutet und stets die Gefahr in sich birgt, den Betrieb zu bürokratisieren. Es ist wiederholt darauf hingewiesen worden, daß, wenn die Höhe der Bezahlung lediglich von der Leistung abhängig wäre und für gewisse Tätigkeiten Mindestgehälter festgesetzt werden würden, die Auslese der Tüchtigsten leichter wäre. Die vom Reichstreuhänder der Arbeit unter dem 1. August 1939 erlassene neue Tarifordnung für das private Versicherungsgewerbe enthält zahlreiche Ansätze zur stärkeren Förderung der Leistungsfähigkeit.

Im Außendienst ist die Bezahlung grundsätzlich von dem Erfolg abhängig, d. h. die Vergütung geschieht in Hundertteilen der Prämie oder in Tausendteilen der Versicherungssumme sowohl bei dem Abschluß von Neugeschäften als auch beim Einzug der Prämien und Beiträge. Soweit es sich um hauptberufliche Kräfte handelt, reichen aber diese Bezüge selbst für fleißige Mitarbeiter nicht immer aus. Sie werden dann ergänzt durch Zuschüsse, Überprovisionen, Prämien, Reisekosten, Tagegelder u. dgl. Dadurch kann es geschehen, daß die niedrigen Provisionskosten einzelner Versicherungseinrichtungen durch diese Nebenleistungen ins Gegenteil verkehrt werden. Dazu kommt, daß das Warenhaussystem die Vertreter von der Versicherungseinrichtung fast völlig abhängig und sie zu arbeitnehmerähnlichen Personen gestaltet, die eine ähnlich sichere Arbeitsgrundlage erstreben wie der Innendienst, während die Versicherungsverwaltungen vom Betriebserfolg ausgehen und nur solche Belastungen übernehmen wollen, die der Gesamtbestand auch tragen kann. Die neue Tarifordnung sieht auch besondere Bestimmungen für die hauptberuflich Angestellten im Werbeaußen- und im Prämieneinzugsdienst. Es ist bisher noch nicht untersucht, wo hier die Grenze zwischen Betriebsinteresse und Existenzminimum liegt. Es ist auch noch nicht erforscht, ob nicht eine jahrelange, fachliche Ausbildung den Vertreter so fördert, daß er allmählich auch eine reine feste Bezahlung ins Verdienen bringen und sich damit den Erfolg seiner Arbeit laufend sichern kann. Bei allen solchen Fragen handelt es sich gewöhnlich nur um die Bezahlung der durchschnittlichen und schlechteren Leistungen, wie sie im Außendienst begegnen. Diejenigen Außenkräfte, die eine zu ihrem Beruf passende besondere Begabung besitzen, kommen mit der Entschädigung für ihre Arbeit nach dem Erfolg aus und wünschen meist gar keine andere, vor allem keine tarifliche Regelung.

In diesem Zusammenhange ist die soziale Gestaltung des Betriebes ein für die Erhöhung der Leistungen wesentlicher Umstand. Bei vielen Versicherungseinrichtungen erreichen denn auch die sozialen Ausgaben eine beachtliche Höhe. Allerdings ist eine Vergleichbarkeit kaum möglich, weil über das, was als soziale Ausgaben zu gelten hat, die Auffassungen noch auseinander gehen. Es wird nun laufend zu verfolgen sein, wie diese Aufwendungen ihre Wirkung auf Erfolg und Ergebnis des Betriebes und Gesundheit und Arbeitskraft der Gefolgschaftsmitglieder ausüben.

Damit sind wir mitten in der Erörterung einer der hauptsächlichsten betriebswirtschaftlichen Grundfragen, der Kostenfrage. Die Kosten der Versicherungsfälle entziehen sich der Einwirkung der Versicherungseinrichtungen; auch die Kosten an Gebühren und Steuern unterliegen dem Bedarf der Gesamtwirtschaft, aber die Verwaltungskosten bedürfen einer allgemeinen Kostensenkung. Daß sie notwendig ist, darüber besteht Übereinstimmung. Aber schon beginnt der Zweifel, wenn angegeben werden soll, welche Kostenbelastung in den einzelnen Versicherungszweigen und Versicherungsarten als normal anzusehen ist und daher auch zugelassen werden darf. Mit statistisch errechneten Durchschnittsziffern ist dabei nichts zu erreichen, weil die sich ergebenden Zahlen viel zu hoch ausfallen würden, dem Versicherungsnehmer gegenüber als normale Ziffern nicht zu vertreten wären und doch einzelnen Betrieben mit Sonderaufgaben nicht gerecht würden. Schon die Lebensversicherung, die in ihrer mathematischen Prämie die Verwaltungskosten einschließt, kommt mit der von ihr selbst gesetzten Kostengrenze häufig nicht aus. Vor allem die Abschlußkosten verschlechtern den Jahresetat. Viel weniger kennt aber die Güterversicherung ihre genauen Kosten, die eine solche feste Prämienkalkulation wie die Lebensversicherung nicht besitzt und je nach einem günstigeren oder weniger günstigeren Schadenverlauf mehr oder weniger Verwaltungskostenaufwand vertragen kann. Es ist das unbestrittene Verdienst Gürtlers, auf die Notwendigkeit fester Kalkulationen in der Schadenversicherung hingewiesen zu haben. Seine Propagierung der mathematischen Methode, um in dieser Richtung weiterzukommen, hat der Nichtlebensmathematik eine starke Anregung gegeben. In der Krankenversicherung ist bereits ein erstes Ergebnis zu verzeichnen. Aber in den übrigen Versicherungszweigen hält das Zögern noch an, sich auf ein neues Gebiet zu begeben, das noch unerschlossen ist. Vielfach fehlen auch die Voraussetzungen für die Anwendung mathematischer

Größen, nämlich einwandfreie statistische Unterlagen. Die Fachgruppen suchen diese Lücken zu beseitigen, indem sie seit einigen Jahren die Gesamtheit aller Versicherer jedes Versicherungszweiges zu statistischen Angaben verpflichten und so Aufbauarbeit leisten für die Errechnung von Bedarfstarifen. Was die einzelnen Versicherungseinrichtungen oder Fachverbände bisher an Erfahrungsmaterial besaßen, betraf immer nur einen Ausschnitt aus der Gesamterfahrung. Außerdem haben die zurückliegenden Zeitläufte mit Krieg, Inflation, Deflation und Wirtschaftskrise Sonderverhältnisse geschaffen, die einer normalen wirtschaftlichen Entwicklung nicht entsprechen. Auch dann, wenn die Statistiken vorliegen, werden noch Schwierigkeiten entstehen, wie die Gruppenbildungen der verschiedenen Wagnisarten zu gestalten sind. Wenn jede Wagnisart ihr Wagnis selbst tragen soll, bedarf es keiner Versicherungsgemeinschaft. Volkswirtschaftlich kann es sogar nötig werden, daß Gruppen mit günstigen Schadenerfahrungen sich einer über ihren Bedarf hinausgehenden höheren Prämie unterwerfen, damit Gruppen mit ungünstigeren Ergebnissen ihre Versicherungsausgaben in ein richtiges Verhältnis zu ihrem Gesamtetat bringen können. Aber erst wenn die Prämien des Schadenbedarfs feststeht, ist eine zusätzliche Erweiterung auf die Kosten denkbar. Um diese möglichst niedrig zu halten, werden auf allen Gebieten der Geschäftshandhabung Vorarbeiten geleistet. Der Wettbewerb muß geläutert und die Werbung verbilligt, die Organisation planvoll gestaltet, der Innendienst nach seiner Wirtschaftlichkeit geprüft, die Entlohnung des Außendienstes der Gefahr angepaßt werden, wobei sogar staatliche Stellen helfend eingreifen (Preiskommissar) u. dgl. Damit sich die einzelnen Betriebe hinsichtlich ihrer tatsächlichen Kostenentwicklung keinen falschen Vorstellungen hingeben, wird auch dem Rechnungswesen eine besondere Beachtung geschenkt.

Dieses Rechnungswesen der Versicherungsbetriebe ist aufgebaut auf der doppelten Buchführung. Einfache Buchführung ist nur noch bei kleineren Vereinen (§ 53 VAG.) und Agenten üblich. Das kameralistische Buchführungssystem der öffentlich-rechtlichen Anstalten ist auch bei diesen meist der neuzeitlichen kaufmännischen Buchführung gewichen. Die Massenhaftigkeit der Versicherungsabschlüsse bringt im Gegensatz zu anderen Wirtschaftszweigen eine beachtliche Vielheit von Buchführungsvorgängen mit sich. Aufsichtsbehörde und Wirtschaftsprüfer sind dabei bestrebt, durch ganz eingehende Kontenpläne die Gleichmäßigkeit und Übersichtlichkeit der Buchungen zu erreichen. Dabei erfordern die Vorschriften der Verwaltungsaufsicht die Anlehnung an gewisse Jahresschemata in der Personen- und Sachversicherung, die sich seit Jahrzehnten kaum wesentlich verändert haben, durch gewisse Eigentümlichkeiten aber von der übrigen Wirtschaft abweichen. Von der Betriebswissenschaft ist vor allem beanstandet worden, daß die meisten Rückstellungen nicht alljährlich nur nach ihren Zu- und Abgängen ausgewiesen, sondern immer in ihrem ganzen Bestande vorgetragen werden. Weiterhin wird bemängelt, daß die gültigen Rechnungsvorschriften zu keiner einheitlichen Abrechnung nötigen, sondern derart viel Abweichungen gestatten, daß ein Betriebsvergleich, wie er ja gerade im Interesse der vorher dargestellten Kostenfragen wünschenswert wäre, gar nicht durchgeführt werden kann. Daß nicht überall die Bruttomethode gefordert, sondern vor allem in der Güterversicherung die Nettomethode gestattet wird, führt zu einer Unübersichtlichkeit der tatsächlich übernommenen Gefahren. Aber selbst wenn hier eine Vereinheitlichung erreicht würde, blieben noch viele Wünsche offen, so z. B. die Wertfestsetzung des Vermögens, Vereinheitlichung der Abschreibepolitik, die Anerkennung der Notwendigkeit gewisser technischer Rücklagen u. dgl. Einige wünschen sogar die Aktivierung des Wertes der Organisation, obwohl für ihre richtige Einschätzung keine einwandfreien Unterlagen bestehen. Hier bieten sich der Wissenschaft unzählige Aufgaben, die in der Praxis stark gegensätzlichen Meinungen zu klären und zu einem volks- und betriebswirtschaftlichen günstigen Ziele zu gelangen.

Dabei wird auch die grundsätzliche Bedeutung des Betriebsvergleichs erörtert werden müssen. Sicherlich ist er wichtig und wesentlich. Solange aber die einzelnen Versicherungseinrichtungen in ihren Beständen eine ganz verschiedene Zusammensetzung aufweisen, solange besteht nur eine beschränkte Möglichkeit, wirklich Vergleichbares gegenüberzustellen. Die voneinander abweichende Bestandszusammensetzung ist aber volkswirtschaftlich so wertvoll, daß wir sie nicht aufgeben wollen. Viel leichter erreichbar ist die Durchführung von Soll-Ist-Vergleichen auf Grund einer systematischen Planung. Diese richtig zu entwickeln und eine kaufmännische Budgetrechnung aufzubauen, ist ein für die Praxis sehr fruchtbares Wissenschaftsfeld. Bisher haben nur wenige Versicherungseinrichtungen solche Jahresvoranschläge, wie sie die kameralistische Buchführung voraussetzt. Aber es besteht kein Zweifel darüber, daß je sorgfältiger alle Kostenausgaben in regelmäßigen (möglichst monatlichen) Zeitabständen in ihrer Höhe mit dem Voranschlag verglichen werden, desto schneller und rechtzeitiger die erforderlichen Verwaltungsmaßnahmen zur Beseitigung unerfreulicher Ergebnisse getroffen werden können. Allerdings darf eine solche Planung sich nicht allein auf die Kosten beschränken, sondern muß sämtliche Konten erfassen, ja es muß ihr sogar eine Geschäfts- und Organisationsplanung vorausgehen. Auch hier zeigt sich wieder die enge Verbindung von volkswirtschaftlichen und betriebswirtschaftlichen Überlegungen. Denn eine solche Planung ist an eine genaue Kenntnis des Marktes gebunden. Planung ohne Markterforschung bedeutet spielerisches Versuchen, wozu die Versicherungsausgaben der Volksgenossen nicht herhalten dürfen.

Weiterhin fehlt noch jede Kenntnis darüber, ob die Betriebsform betriebswirtschaftlich eine Rolle spielt und welche Betriebsform etwa dabei am günstigsten abschneidet. Das darf natürlich nicht wieder auf eine neue Heraufbeschwörung der früheren Gegensätze zwischen Aktiengesellschaften, Versicherungsvereinen auf Gegenseitigkeit und öffentlich-rechtlichen Anstalten führen. Es könnte aber sehr wohl eine im Inlande allein tätige Aktiengesellschaft zu der Überlegung kommen, ihr Geschäft als Gegenseitigkeitsverein zu betreiben, weil sie dabei billiger fährt, Überlegungen, wie sie in anderen Ländern wiederholt angestellt worden sind und auch bereits in Deutschland zu Umgestaltungen geführt haben. Es könnte aber auch für bestimmte Versicherungszweige und Versicherungsarten z. B. die Form des kleineren Versicherungsvereins gegenüber dem großen sich als empfehlenswert erweisen, ohne daß dabei die Sicherheit der Versicherungseinrichtung zu leiden brauchte. Schließlich unterscheiden sich diese Betriebsformen nicht nur rechtlich, sondern haben von Hause aus Sonderentwicklungen gezeigt, die sich auch betriebswirtschaftlich auswirken.

Einen breiten Raum nehmen schließlich die betriebswirtschaftlichen Untersuchungen der einzelnen Tarife ein. Vielfach tragen diese Tarife nicht gleichmäßig zur Kostendeckung des Gesamtbetriebes bei. Aus gewissen volkswirtschaftlichen Erwägungen heraus werden bewußt Tarife geschaffen, die nur kleine Verwaltungszuschläge enthalten (Gruppenversicherung). Die Erfolgswirtschaft wird von einer gesunden Mischung des Gesamtgeschäfts abhängen und es wird laufend zu verfolgen sein, in welchen Grenzen solche Tarife im Gesamtbestande tragbar sind. Dabei wird ihr Verlauf und ihr Bedarf geprüft werden müssen, ob sie also ihre Sonderbehandlung überhaupt rechtfertigen. Bekanntlich sind schon Versicherungseinrichtungen wegen bestimmter Versicherungsarten gegründet worden, die dann später nur vereinzelt vom Publikum aufgenommen wurden, in dieser Vereinzelung aber eine ungewöhnliche Belastung des Versicherungsbetriebes mit sich brachten. Für die Wissenschaft bleibt dabei zu untersuchen, bis zu welchem Maße auch die bevorzugt tarifierten Gruppen zu den allgemeinen Verwaltungskosten beitragen müssen, um eine tatsächlich gerechte Prämie zu erreichen.

Was dabei unter der so häufig geforderten „gerechten Prämie" zu verstehen ist, ist ebenfalls unklar. Was für Bestandteile muß jede Prämie haben? Muß sie auch für Rücklagen Gelegenheit schaffen, muß sie nicht auch bei der Güterversicherung in einen Stamm- und einen Risikoteil zerfallen, um für Totalschäden genügend Mittel zu bieten, wenn die Prämie nach der überwiegenden Beanspruchung durch Teilschäden kalkuliert war? Ist „gerecht" betriebswirtschaftlich oder volkswirtschaftlich zu verstehen? Ist die Untersuchung über die gerechte Prämie nicht eine Teiluntersuchung über den volkswirtschaftlich gerechtfertigten Preis? Jedenfalls ist die gerechte Prämie niemals die technische Bedarfsprämie und ihre Beurteilung bildet sich auch nicht aus dem Standpunkt des einzelnen Versicherungsnehmers und aus den Erfahrungen seines Bedarfs. Die Verschiedenartigkeit der einzelnen Versicherungszweige und die Grundsätzlichkeit der „gerechten" Prämie werden immer wieder zur Erörterung stehen. Die Wissenschaft hat hier ein sehr interessantes Feld der Forschung, wobei alle Disziplinen der versicherungswissenschaftlichen Untersuchungen beteiligt sind.

Es zeigt sich aus Vorstehendem also auch für die betriebswissenschaftliche Bearbeitung des Versicherungswesens eine Fülle ungelöster und zum Teil sogar noch nicht einmal genau festgelegter Probleme.

III. Neue Versicherungsgedanken

Vorbemerkung

Die Deutsche Versicherungswissenschaft will sich in ihren Forschungen aber nicht nur damit begnügen, an den Grundfragen der heutigen Wirtschaftsführung im Versicherungswesen mitzuarbeiten, sie will auch helfen, neuen Versicherungsgedanken Raum zu schaffen, die eine im Interesse der Volkswirtschaft liegende Erweiterung des Versicherungsschutzes verheißen. Sie fühlt daher von vornherein mit die Aufgabe, nach neuen Versicherungsarten Umschau zu halten. In einer Reihe von Fachausschüssen der Deutschen Wirtschaftswissenschaftlichen Gesellschaft arbeiten Herren der Praxis und der Wissenschaft beispielsweise gemeinsam an solchen Problemen. Sie prüfen dabei auch, inwieweit sich noch Erweiterungen als Auswirkung vorhandener Versicherungsgelegenheiten schaffen lassen und der Versicherungsschutz durch Zusammenwirken mehrerer Versicherungszweige vervollkommnet werden kann.

Die Untersuchung der Elementarschädenversicherung ist dabei besonders gefördert worden, nachdem die Angliederung der Ostmark gerade nach dieser Richtung Überlegungen zur Ausdehnung des Versicherungsgedankens nahelegte. Wir wollen uns deshalb auf dieses Gebiet beschränken und über dieses Gebiet zunächst eine kurze systematische Übersicht geben.

Die Hagel-, Sturm- und Regenversicherung sind diejenigen Elementarschädenversicherungsarten, die in Deutschland praktisch betrieben werden, davon die Hagelversicherung für landwirtschaftliche Belange schon seit Ausgang des 18. Jahrhunderts. In der Landwirtschaft ist die Hagelversicherung überhaupt die einzige benützte, reine Elementarschadenversicherung geblieben. Die Versicherung gegen Brandgefahr aus Blitzschäden ist mit anderen Brandschädenursachen in der Feuerversicherung gedeckt. Sturm- und Regenversicherung finden ihre Interessenten in den Städten und in besonderen Berufskreisen. Die Landwirtschaft und neuerdings auch der Gartenbau haben aber wiederholt den Wunsch auf eine Erweiterung des Elementarschadenschutzes ausgesprochen.

Das Problem der Elementarschädenversicherung ist gerade auch nach der Wiedervereinigung Österreichs mit dem Deutschen Reich weit über die rein landwirtschaftlichen Belange hinaus von so außerordentlicher Tragweite, daß es sich als notwendig erweist, ganz eingehend die Grundlagen einer solchen Versicherungsart zu studieren. Wie wesentlich dieses Problem in anderen Ländern angesehen wird, zeigen die ausgezeichneten Untersuchungen der Schweizer Lanz-Stauffer und Dr. Rommel[1]) zum 25jährigen Jubiläum des Rückversicherungsverbandes kantonal-schweizerischer Feuerversicherungsanstalten.

Dr. Rommel schildert außerdem in einer Abhandlung über die Grundlagen der Elementarschädenversicherung[1]) als Aufgaben einer

---

1) 2 Bände, Selbstverlag des Rückversicherungsverbandes, Bern 1936

2) Zeitschrift für die gesamte Versicherungswissenschaft, Bd. 37, S. 1.

solchen Versicherung den Wertersatz für Schäden aus Naturereignissen, wobei er sich nur auf die Auswirkungen der unbelebten Natur beschränken will. Für Deutschland könnte es erwünscht erscheinen, der Elementarschädenversicherung die Ernteschädenversicherung anzugliedern und dann zwischen solchen Schäden zu unterscheiden, die sich dem Einfluß des Betroffenen völlig entziehen, und solchen Schäden, die er durch eigene Maßnahmen verhüten oder in ihrer Wirkung mildern kann.

Die Zufälligkeit des Versicherungsfalles muß immer gegeben sein. Aber auch die sonstigen Begriffsmerkmale des allgemeinen Versicherungsschutzes ermangeln bei der Elementar- und Ernteschädenversicherung nicht, also gegenseitige Deckung ist möglich, ein Ausgleich zwischen bedrohten und betroffenen Wirtschaften ist vorhanden, technische Grundlagen lassen sich schaffen und der Ersatzbedarf ist regelmäßig in Geldwert auszudrücken. Daß eine solche Versicherung im Interesse der Volksgemeinschaft liegt, braucht nicht bewiesen zu werden. Denn die große Zahl der Schadenursachen zerstört alljährlich Millionenwerte des deutschen Volksvermögens.

Die Elementarschäden sind in folgende Gruppen aufzuteilen:

a) Elementarschädenversicherung im engeren Sinne:
   1. Wasserverheerungen (Überschwemmungs-, Hochwasser-, Sturmflutschäden),
   2. Erd- und Gesteinsbewegungen (Schäden aus Erdbeben, Erdrutsch, vulkanischen Ausbrüchen, Lawinen, Steinschlägen),
   3. Stürme (Orkan-, Zyklon-, Schneesturmschäden),
   4. Witterung (Gewitter-, Blitz-, Hagel-, Regenschäden, Schäden aus Trockenheit, Frost, Feuchtigkeit);

b) Elementarschädenversicherung im weiteren Sinne (Ernteschädenversicherung):

   Insektenverheerungen und Befall und Krankheiten der Kulturen.

Schon die Aufzeichnung dieser Schadenursachen zeigt, daß nur in planvoller Zusammenarbeit von staatlicher Fürsorge und privater Unternehmerinitiative das Ziel erreicht werden kann; denn das große Gebiet der Schadenverhütung ist hier vordringlich. Die Versicherung darf nur zur Ausfüllung der Lücken dienen, die die Schadenverhütungsmaßnahmen bei der Unvollkommenheit der menschlichen Kraft und Intelligenz gegenüber den Naturgewalten übrig lassen. Würde hier nicht eine weise Teilung der Arbeit zwischen den staatlichen Gewalten und den schöpferischen Ideen der Wirtschaftsförderung eintreten, litte entweder die Sicherheit der nationalen Wirtschaftsentwicklung oder die materiellen Lasten der Staatsführung wüchsen so stark, daß andere Ziele und Aufgaben der politischen Leitung und des nationalen Lebens leiden würden. Gerade in einem autoritären Staat, wie dem Deutschen Reich, ist hier eine vorbildliche Regelung durchführbar, weil hier die einheitliche Lenkung der Wirtschaft von selbst den Schlüssel zur Lösung von Problemen bildet, die in anderen Ländern zur Zeit aus dem Widerstreit zwischen Eigennutz und Gemeinnutz nicht zur wirtschaftlichen Gestaltung gelangen können. Denn es wird bei der Verwirklichung von Elementarschäden immer wieder die Frage der Verbindung von Versicherungspflicht mit eigener verantwortlicher Selbsthilfeeinrichtung auftauchen. Die Lösung solcher Fragen setzt aber eine einheitliche Willensrichtung bei Staatslenkung und privatwirtschaftlichen Unternehmungen voraus.

a) Elementarschädenversicherung im engeren Sinne

Um die Elementarschäden aus Wasserverheerungen zu ersetzen, sind wiederholt Ansätze gemacht und die verschiedensten Pläne ausgearbeitet worden. Die Gefahr des Hochwassers (entstanden aus Tauwetter oder starken Niederschlägen) sieht Lanz-Stauffer-Rommel mit Recht nicht nur in der gesteigerten mechanischen Kraft der Wassermengen, sondern in ihrer Geschiebewirkung durch Eisschollen, Steine und Treibholz. Überschwemmungen (infolge von Hochwasser, Niederschlägen, oder technischen Ursachen wie Stauungen usw.) brauchen nicht immer schädlich zu sein (Wiesen), sie zerstören aber vielfach Kulturen oder wirtschaftliche Werte durch plötzliche Überflutung. Sturmfluten vernichten nicht nur Gebäude und Kulturen, sondern können auch gebietlich Veränderungen durch Ufersenkung und Erdrutsche herbeiführen.

In den Versicherungsbedingungen verschiedener Versicherungszweige ist die Gefahr der Überschwemmung mit eingeschlossen, so bei der Transportversicherung, der Baulastversicherung, die zwei deutsche Versicherungseinrichtungen betreiben, Versicherung von Automaten, von Musikinstrumenten. Bei der Einheitsversicherung wird nur für Überschwemmungsschäden während des Transportes, nicht während der Lagerung gehaftet. Bei der Haftpflichtversicherung bedarf es besonderer Vereinbarungen, wenn die Überschwemmungsgefahr mit eingeschlossen sein soll. Diese kurze Aufzählung ergibt schon, daß ein richtiger Gefahrenausgleich für die Überschwemmungsgefahr in der Privatversicherung bisher nicht besteht.

Schon frühzeitig (1880) haben sich in Deutschland (Altreich) die öffentlich-rechtlichen Feuerversicherungsanstalten mit der Ausdehnung der Gebäudefeuerversicherung auf Überschwemmungsschäden befaßt. Noch heute sehen einzelne Satzungen der Landesanstalten die Aufnahme von Versicherungszweigen vor, die mit der Gebäude und Fahrnisversicherung in Beziehung stehen (Gesetz über die Thüringische Landesbrandversicherungsanstalt vom 28. 4. 1922, § 6). Das Badische Gebäudeversicherungsgesetz vom 30. Januar 1934 sieht vor, daß im Liberalitätswege Hochwasserschäden an Gebäuden bezahlt werden. Eine ähnliche Einrichtung besteht im Lande Hessen. Zuletzt war von Prof. Riebesell im Auftrage des preußischen Innenministeriums ein Gesetzentwurf ausgearbeitet worden, der die Versicherung von Hochwasser- und Unwetterschäden durch eine besondere Landesanstalt vorsieht. Diese Landesanstalt sollte sich als Geschäftsstellen der Provinzialfeuerversicherungsanstalten bedienen. Gegenstand der Versicherung sollte der Ersatz solcher Schäden sein, die in unmittelbarer und ausschließlicher Folge von Hochwasser und Unwetter auftreten. Als Hochwasserschäden wurden bezeichnet: 1. Schäden, die durch das Ausufern der Gewässer oder des Meeres entstehen; 2. Schäden, die durch Wolkenbrüche bei einer Niederschlagsmenge von 5 cm in 30 Minuten entstehen. Schäden die das Wasser durch Stoß, Druck, Stauung oder mitgeführte Gegenstände anrichtet, sollten in die Versicherung eingeschlossen werden, ferner Eisgang, Unterwaschung, Erdrutsch sowie die Sachschäden bei Rettungs- und Bergungsarbeiten. Als Unwetterschäden sollten Schäden angesehen werden, die ein Sturm von mindestens Windstärke 10 (21 m in der Stunde) anrichtet. Ausgeschlossen von der Ersatzpflicht wären dabei Schäden gewesen, die infolge einer laufenden Abnutzung der zum Schutze gegen Hochwasser und Unwetter getroffenen Einrichtungen eingetreten wären, ferner Erdbeben, willkürliche Handlungen der Versicherten oder Dritter, Hagel, Frost, Schädlinge in der Tier- und Pflanzenwelt. Versichert sollte zwangsweise das gesamte Grundeigentum werden (das öffentliche nur, soweit es grundsteuerpflichtig sei) und zwar zu den Einheitswerten. Inventar und Mobiliar konnten freiwillig versichert werden. Der Grundbeitrag sollte 50% des Hauptsteuersatzes der Grundsteuern betragen. Von besonders gefährdeten Gemeinden konnten Zuschläge erhoben werden, die aber 200% des Grundbeitrages nicht übersteigen durften. Getragen werden sollte der Beitrag zur Hälfte von Staat, Provinz und Kreis zu gleichen Teilen. Eine Integralfranchise von 10% der Versicherungssumme (mindestens 100 RM) und eine Abzugsfranchise von 25% waren vorgesehen. Aus etwaigen Überschüssen sollten Schadensverhütungsmaßnahmen finanziert, bei Unterbilanzen vom Staat darlehensweise gewährte Entschädigungszuschüsse in Anspruch genommen werden.

Auch die Privatversicherung hat sich wiederholt mit der Frage des Ersatzes von Elementarschäden befaßt. 1889 wandte sich die Handels- und Gewerbekammer Plauen an den Verband Deutscher Privatfeuerversicherungsgesellschaften wegen Aufnahme einer Unwetterschadenversicherung. Sowohl damals als auch später lehnten aber die privaten Feuerversicherungen ab, weil weder eine statistische Untersuchung über die eingestellten Schäden für einen längeren Zeitraum vorlägen, noch auch die Beteiligung der Versicherungsnehmer abzuschätzen sei. Eingehend befaßte sich 1911 Meltzing mit der Hochwasserschädenversicherung, für deren Einführung er auch verschiedene Vorschläge machte. Meltzing wollte zunächst den Weg der Privatversicherung beschreiten, empfahl aber, falls dieser Weg nicht zum Ziele führte, den Versicherungszwang für alle Besitzer, die jemals von einer Überschwemmung betroffen worden sind.

Im früheren Österreich bestand ein Gesetz vom 19. Dezember 1928 betr. Gewährung von Grundsteuernachlässen bei Elementarschäden für Niederösterreich. Schäden an landwirtschaftlichen oder forstwirtschaftlichen Kulturen müssen binnen 14 Tagen nach Überschwemmung angezeigt werden und führen bei landwirtschaftlichen Kulturen zu einem Steuernachlaß, wenn sie mindestens 25% des Naturalertrages ausmachen. Daneben liefen aber auch in Österreich zahlreiche Anregungen und Versuche, die Elementarschäden durch Versicherung zu erfassen. Nach verschiedenen privaten Anregungen, die schon auf das Jahr 1867 zurückgehen, beschäftigten sich die Landtage in Salzburg und Steiermark mit diesem Problem, ohne daß es indessen zu irgendeiner Gestaltung führte. Immerhin hatte schon 1846 die österreichische Aktiengesellschaft „Aziende Assicuratrice" in Triest die Überschwemmungsversicherung angeboten. Sie versicherte Wasserschäden, gleichgültig aus welcher Ursache an Gebäuden, Uferbauten, Brücken, Kulturen und Fahrnis. Die Schäden wurden nach Maßgabe der vorhandenen Prämie bezahlt und diese von Jahr zu Jahr nach den jeweiligen Erfahrungen festgesetzt. Die Versicherung scheint aber nicht stark in Anspruch genommen worden zu sein. Desgleichen scheiterte der Erfolg der Providentia, die 1913 die Überschwemmungsversicherung aufnahm, an dem Ausbruch des Weltkrieges. Gegen die Vereisungsschäden der Donau wurden seit 1929 alljährlich Versicherungen bei Lloyds-London gegen 2% Prämie bei 100 £ Franchise abgeschlossen.

Die Erörterungen über die Errichtung einer Elementarschädenversicherung für Deutschland und Österreich liefen vor dem Weltkrieg von 1914 und auch noch danach auf eine internationale Verständigung verschiedener Staaten hinaus. Einzelne Schriftsteller sehen nur in einem internationalen Aufbau eine richtige Grundlage. Der italienische Senator Giovanni Ciraolo legte dem Roten Kreuz das Projekt einer Union internationale de secours vor, nach dem alle Völker zur gemeinsamen Hilfeleistung bei Naturkatastrophen angeregt wurden. Die rechtlichen Grundlagen sollten die Artikel 23 und 25 des Völkerpaktes bilden. Ende 1934 waren 29 Staaten, darunter auch Deutschland, nicht aber Österreich beigetreten. Ciraolo hatte dabei auch an eine Ausgestaltung nach der Seite der Versicherung gedacht. Die allmähliche Auflösung des Völkerbundes wird auch dieses Projekt unverwirklicht lassen. Technisch sehr viel wertvollere Vorarbeiten entstanden auf Grund von Anregungen der österreichischen, schweizerischen und bayerischen Wasserwirtschaftsverbände unter Führung der Münchner Rückversicherungsgesellschaft. Diese Arbeiten führten zur Aufstellung von Statuten für eine „Internationale Wasserschadenversicherung auf Gegenseitigkeit", zur Niederlegung von Versicherungsbedingungen und Prämientarifen. In einer Gesellschaft in Deutschland (Allianz), in Österreich (Providentia) und der Schweiz (National) waren Betriebe zur Durchführung der Hochwasserschadenversicherung bereit. Als Rückversicherer hatten sich die Münchner und Schweizer Rückversicherungsgesellschaft bereit erklärt, Gefolgschaft zu leisten. Der Weltkrieg von 1914 beendete in Deutschland und Österreich diese Versuche, lediglich die „National" in der Schweiz betrieb noch eine Reihe von Jahren diesen Versicherungszweig mit gutem Erfolg, gab ihn aber 1922 auf, nachdem das Interesse in der Kundschaft stark nachließ.

Es bleibt, nachdem Österreich nunmehr zum Deutschen Reich zurückgekehrt ist, zu prüfen, ob nicht eine planmäßige Bearbeitung dieses Projektes doch den erwünschten Nutzen für das Gesamtwohl schafft. Hochwasserschäden sind sowohl im Altreich als auch in Österreich bis in die letzte Zeit hinein beobachtet worden. Ob und inwieweit die Erfahrungen anderer Länder mit gewissen Hochwasserversicherungen privatwirtschaftlicher oder öffentlich-rechtlicher Art hier herangezogen werden können, wird untersucht werden müssen. Es scheint indessen, daß gerade dieser Versicherungszweig so abhängig ist von der besonderen Gesetzgebung jeden Landes hinsichtlich ihrer Wasserläufe, daß solche Erfahrungen anderer Länder nur immer am Rande in Anspruch genommen werden können. Die enge Verbindung von Versicherung und Schadenverhütung wird zum mindesten eine starke Unterstützung dieses Versicherungszweiges durch den Staat, wenn nicht sogar seine autoritäre Förderung erheischen. Dr. Kätner[1]) schlägt eine Zusammenarbeit zwischen den privaten und öffentlich-rechtlichen Versicherungseinrichtungen vor. Er macht auch hinsichtlich der Prämienbemessung und der Versicherungsbestimmungen Vorschläge, die einer genauen Untersuchung wert sind.

Eine etwaige Versicherungsmöglichkeit aus Erd- und Gesteinsbewegungen hat durch den Eintritt Österreichs in das Deutsche Reich auch an Bedeutung gewonnen.

Was zunächst die Deckung von Erdbebenschäden anlangt, so werden diese in den Versicherungsbedingungen zahlreicher Versicherungszweige ausdrücklich erwähnt. Die See- und Transportversicherung deckt Verluste aus Erdbeben unter dem Oberbegriff der Naturereignisse (HGB § 820, ADS § 28), desgleichen schließt die Einheitsversicherung Erdbebenschäden während des Transportes (nicht aber während der Lagerung) ein, ferner die Montage-, die Automatenversicherung. Einschluß der Erdbebenschäden lehnen ausdrücklich ab: die Feuer- (VVG § 84, daher auch Thüring. Landesbrandversicherungsanstalt — Gesetz vom 28. 4. 1922 § 3 —, Hamburgisches Feuerkassengesetz § 23, Hamburgisches Gebäude-Unfallschädengesetz § 1), Einbruch-, Diebstahl-, Glas- und Tierversicherung. Eine allgemeine Erdbebenversicherung ist wohl nur in Japan ernstlich erwogen worden. In Deutschland einschließlich Österreich ist das Erdbebenrisiko sehr begrenzt und seine besondere Erfassung kaum von Interesse, selbst unter den schweizerischen Kantonen schließt nur der Kanton Zürich die Erdbebengefahr mit ein; das gleiche gilt von Schäden aus vulkanischen Ausbrüchen, die in den Versicherungsbedingungen einzelner Versicherungseinrichtungen (Einbruchdiebstahl-, Glas-, Einheitsversicherung) übrigens ausdrücklich ausgeschlossen werden.

---

[1]) Die Hochwasserversicherung, Ihre Geschichte und ihre statistischen Grundlagen. Dissertation. Jena 1934.

Hinsichtlich der Lawinenschäden unterscheiden Lanz-Stauffer-Rommel zwischen Staub-, Grund- und Gletscherlawinen. Die Schäden bestehen hier nicht nur in Zerstörung von Gebäuden und Kulturen, sondern auch in dem Ersatz für Aufräumungskosten. Die in Deutschland und Österreich aus solchen Schäden wertmäßig entstandenen Verluste sind nicht bekannt. Im Auslande ist ihre Versicherung nur in Norwegen für Gebäude durch Norges Brandkasse und in etwa zehn schweizerischen Kantonen durchgeführt. In Norwegen werden auch Schäden aus Erd- und Gesteinsrutschen, in den schweizerischen Kantonen teilweise außerdem Schäden aus Bergstürzen, Erdschlüpfen und Steinschlägen vergütet.

Stürme führen im Altreich und Österreich häufig sehr starke Verheerungen herbei, wenn auch Wirbelstürme (Zyklone), allgemeiner oder lokaler Art (Windhose, Wasserhosen, Tornados) verhältnismäßig selten begegenen. Lanz-Stauffer-Rommel erachten bereits eine Windstärke mit etwa 65 Stundenkilometern Geschwindigkeit für gefährlich. Nach ersten Anfängen der Gilden in Schleswig-Holstein seit dem 17. Jahrhundert dürfte mit einer allgemeinen Sturmschadenversicherung auf technischer Grundlage 1899 die Kölnische Unfallsversicherungsgesellschaft im Interesse der Industrie begonnen haben. 1903 versicherte die Magdeburgische Brand-Feuersozietät die Bockwindmühlen gegen Unwetterumsturz gegen einen Zuschlag von 2‰ zu den ordentlichen Brandversicherungsbeiträgen. Noch heute wird die private Sturmschädenversicherung (von Gebäuden und Fahrnis) von 9 inländischen, 1 ausländischen und 3 öffentlich-rechtlichen Versicherungseinrichtungen übernommen. Außerdem ist die Sturmgefahr eingeschlossen bei der See- und Transport-, der Maschinen-, Montage-, Glas- und Baulastversicherung, ausdrücklich ausgeschlossen bei der Betriebsunterbrechungsversicherung. Die bisherige Entwicklung zeigt, daß diese Art der Elementarschädenversicherung ohne mittelbare oder unmittelbare staatliche Unterstüzung betrieben werden kann.

Von den Gewitterschäden werden Blitz-, Hagel- und Regenschäden bereits vom Versicherungsschutz erfaßt, nämlich die Blitzschäden durch die Feuerversicherung, die Hagelschäden durch die Hagelversicherung und die Verluste aus ausgefallenen, gesellschaftlichen, sportlichen, künstlerischen oder geschäftlichen Veranstaltungen durch die Regenversicherung. Besondere wissenschaftliche Forschungsziele sind also hier durch die Eingliederung Österreichs auch nicht gegeben, wenn schon die weitere Ausdehnung der Hagelversicherung in der österreichischen Landwirtschaft im allgemeinen Interesse liegt und der technische Ausgleich für die starke Hagelgefährdung der ostmärkischen Gaue nunmehr im gesamten deutschen Hagelversicherungsgeschäft gefunden werden muß. Der Frostschaden ist noch ungelöst. Zwar sind wiederholt sowohl von privater (Ceres) als auch von öffentlich-rechtlicher Seite (Bayerische Landeshagelversicherungsanstalt) Versuche zu einer solchen Versicherungsart gemacht worden. Rommel[1]), der erst kürzlich über dieses Problem eine eingehende Studie veröffentlicht hat, hält sie ohne Eingriff des Staates nicht für lösbar. In den Sowjetrepubliken ist sie mit Nässe zusammen sogar obligatorisch, in Griechenland wird sie auf freiwilliger Grundlage betrieben. Da sie sich nur auf Schäden an landwirtschaftlichen Kulturen bezieht, ist der Ersatz von Frost-, sowie Nässeschäden am besten mit einer allgemeinen Ernteschädenversicherung zu erörtern und gegebenenfalls zu verbinden. Eine solche Ernteschädenversicherung hätte sich auch mit den Insektenverheerungen und mit den Befall- und Pflanzenkrankheiten der Feld- und Gartenfrüchte zu beschäftigen.

Elementarschädenversicherung im weiteren Sinne (Ernteschädenversicherung)

Von hervorragender Bedeutung könnte eine Ernteschädenversicherung für die Landwirtschaft werden. Sie würde gegebenenfalls gewisse Witterungsschäden (Frost, Feuchtigkeit) ergreifen und daneben Insektenschäden und Kulturkrankheiten erfassen müssen. Die Versicherung von Wertverlusten, angerichtet durch tierische Schädlinge ist nicht neu. Der Hamburger Senat hat unter dem 7. Dezember 1934 (ergänzt durch Gesetz vom 23. 11. 1936) ein Gesetz veröffentlicht, wonach die Gebäudeschäden, die durch den Holzschädling Hausbock (Hylotrupes bajulus) entstanden sind, durch die Hamburger Feuerkasse nach besonderer Regelung vergütet werden. Wichtig ist dabei, daß die Hamburger Feuerkasse auch verpflichtet ist, die Schadenverhütung und ihre allgemeine Durchführung zu betreiben.

Das Reichsgesetz zum Schutz der landwirtschaftlichen Kulturpflanzen vom 5. März 1937 zeigt die Bedeutung, die die Reichsregierung dem Pflanzenschutz zumißt, wird doch die jährliche Ertragsminderung aus Pflanzenkrankheiten und Schädlingen der deut-

---

[1]) Zur Frostschadenversicherung der Kulturen. Bern 1937.

schen Landwirtschaft bei einem Ernteverlust von 15% auf etwa 2 Milliarden Reichsmark im Altreich geschätzt[1]). Die Mannigfaltigkeit der Schadensursachen ist überraschend. Alljährlich berichtet der Beobachtungs- und Meldedienst der Biologischen Reichsanstalt über die wichtigsten Krankheiten und Schädigungen an Kulturpflanzen[2]). In kartographischen Darstellungen ist sogar die geographische Verteilung der hauptsächlichsten Schädigungen nach der Stärke des Auftretens angegeben. Diese Darstellungen vermitteln eine gewisse Erkenntnis der Ausgleichsmöglichkeiten für einen etwaigen Versicherungsschutz aus dem Vergleich der verschiedenen Jahre. Die nähere Prüfung der Versicherungsfähigkeit solcher Schäden wird ergeben, daß ein Teil durch Erweiterung der Elementarversicherung der bestehenden Hagelversicherungseinrichtungen nach technischen Grundsätzen betrieben werden kann. Für einen Teil dieser Schäden wird aber die Ausgleichsmöglichkeit fehlen. Hier ist nur durch eine reichsgesetzliche Regelung zu helfen. Den Anknüpfungspunkt für eine solche Regelung könnte der § 9 des erwähnten Gesetzes vom 5. März 1937 bieten. Hier ist gesagt, daß an sich zwar Maßnahmen, die für den Pflanzenschutz getroffen werden, keinen Anspruch auf Entschädigung begründen. Im Fall unbilliger Härte, insbesondere bei erheblicher wirtschaftlicher Schädigung, ist aus Reichsmitteln eine angemessene Entschädigung für den bei der Durchführung der Bekämpfungsmaßnahmen entstandenen Schaden zu gewähren, wenn gesunde Pflanzen oder Pflanzenerzeugnisse vernichtet werden oder der Wert der Pflanzen oder der Pflanzenerzeugnisse oder der Ertrag des Bodens durch die Bekämpfungsmaßnahmen gemindert wird. Eine Entschädigung darf nicht gewährt werden, wenn die Vernichtung gesunder Pflanzen oder Pflanzenerzeugnisse notwendig geworden ist, weil der Betroffene oder sein Rechtsvorgänger Anordnungen nicht befolgt hat. Über die Gewährung einer Entschädigung und ihre Höhe entscheiden der Reichsminister für Ernährung und Landwirtschaft oder die von ihm bestimmten Stellen unter Ausschluß des Rechtsweges.

---

[1]) H. Schultz, Zentralblatt für Bakteriologie, Parasitenkunde und Infektionskrankheiten, Bd. 97 (1938), S. 413ff., sowie Morstatt, Die wirtschaftliche Bedeutung des Pflanzenschutzes im Handbuch der Pflanzenkrankheiten, Bd. VI, 1937, S. 11.

[2]) Als Beitrag zum Nachrichtenblatt für den deutschen Pflanzenschutzdienst (für 1936 im 17. Jahrg., Nr. 1).

Nach den bisherigen Erfahrungen ist anzunehmen, daß die Initiative zu energischen Bekämpfungsmaßnahmen von Schädigungen zunimmt, wenn ein Rechtsanspruch auf Entschädigung für unverschuldete Ertragsminderungen gewährt wird und seine Höhe nach Sachverständigengutachten beziffert werden kann. Da der Pflanzenschutz von allen Interessenten gleichmäßig beachtet werden muß, ist der Kreis für einen Ausgleich der Versicherungsgefahr groß genug, wenn dieser Kreis etwa durch eine Pflichtversicherung voll erfaßt werden kann. Allerdings würde wohl die Voraussetzung für eine technische Behandlung des Risikos sein müssen, daß sich der Versicherungsschutz auf die Erzeuger beschränkt[1]) und daß nicht nur diejenigen Personen und Betriebe, die infolge der Durchführung angeordneter Bekämpfungsmaßnahmen vor Schaden bewahrt werden (§ 8), sondern daß eine allgemeine Pflanzenschutzabgabe erhoben wird, die bei der ungeheuren Bedeutung des Pflanzenschutzes für die Volksgesamtheit sowohl sachlich gerechtfertigt, als auch bei der Erfassung der gesamten Landwirtschaft geldlich tragbar erscheint. Die Versicherungseinrichtung bedeutet für den Staat auch eine Verstärkung der Schadenverhütung, zumal ja die Geltendmachung des Vergütungsanspruches und die Auszahlung einer Entschädigung von der vollständigen Einhaltung der Schutzvorschriften für den Pflanzenbau abhängig sein würde. Die Versicherung stellte sich als eine Vermögensversicherung dar. Sie ließe sich allmählich ergänzen und ausbauen zu einer Elementarschädenversicherung allgemeiner Art. Die gesetzliche Anordnung der Versicherungspflicht wäre allerdings wohl die Voraussetzung. Eine solche Pflichtversicherung sah auch ein von Riebesell verfaßter Gesetzentwurf[2]) vor. Sie sollte alle Mitglieder des Reichsnährstandes umfassen und gegen alle Schäden sollte Schutz gewährt werden, die einen Minderertrag der Ernte herbeiführen. Ausgeschlossen sollten Mindererträge werden, die durch amtliche Preisfestsetzungen, Brand, Hagel oder sonstige versicherten Elementarereignisse, sowie Schäden, die durch willkürliche Maßnahmen oder Unterlassungen des Versicherungsnehmers herbeigeführt sind. Er-

[1]) Die Ernteversicherung für Weizen nach dem Programm des Präsidenten Roosevelt will den Bauern gegen Fehlernte oder Preissturz, den Verbraucher gegen Knappheit von Nahrungsmitteln und Preisauswüchsen und den Handel vor Schwächung der bäuerlichen Kaufkraft schützen. Daher Zahlung der Prämien und desgleichen Zahlung der Entschädigung in Weizen oder Weizengeldwert.

[2]) Von Herrn Prof. Riebesell freundlichst mitgeteilt.

setzt werden sollten insbesondere Schäden durch Nässe und Trockenheit, Sturm, tierische und pflanzliche Schädlinge, Frost. Als Versicherungssumme sollte das landwirtschaftliche Betriebsvermögen nach dem Einheitswertbescheid gelten. Die Beitragsbemessung war so gedacht, daß alljährlich ein fester Beitrag festgesetzt wurde, zu dem am Jahresschluß eine Umlage als Ergänzung erhoben werden konnte. Eine Integralfranchise von 10% sollte die Bagatellschäden ausschließen, eine Abzugsfranchise von 10% des normalen Ernteertrages bei höheren Schäden den Selbstbehalt des Versicherungsnehmers bedingen.

Wer sich mit der Vielzahl der landwirtschaftlichen Schäden näher befaßt, wird für diese Ernteschäden aber nähere Begrenzungen schaffen. Zunächst dürfen schon um deswillen nicht schlechthin alle Schäden vergütet werden, weil eine Reihe von Schäden durch sorgfältige und zweckmäßige Bewirtschaftung vermieden werden kann. Es kann also nur Aufgabe sein, solche Schäden zu ersetzen, die trotz sachgemäßer Anwendung aller der im Einzelfall erprobten Bekämpfungsmaßnahmen nicht vermeidbar waren oder sind. Gewisse wirtschaftliche Gefahren gehören zum Betriebsrisiko des Bauern und Landwirtes; diese kann ihm keine Versicherungseinrichtung abnehmen. Solche Gefahren und Sorgen hat jeder freie Beruf und der Ausgleich für dieses Wagnis liegt in der gesteigerten Verdienstmöglichkeit guter Jahre. Schäden, gegen die aber die Wissenschaft noch kein Allheilmittel gefunden hat, oder solche, die trotz Anwendung wissenschaftlicher Mittel auftreten, gehören in einen Versicherungsschutz hinein, für den eine Gefahrengemeinschaft von Bauern und Landwirten die technische Grundlage des Ausgleichs bildet. Dazu würden vor allen Dingen gehören: Frostschäden, Nässeschäden, Getreiderost, die Krautfäule der Kartoffeln u. a. Es wird dabei zunächst auf solche Gefahren abgestellt sein müssen, die allgemein verbreitet sind, so daß der Versicherungsgedanke von vornherein eine günstige Aufnahme findet. Endemische Krankheiten, z. B. Fußkrankheiten des Getreides, Krankheiten von Wein, Hopfen, Tabak, deren Anbaugebiete in der Hauptsache auf bestimmte Gegenden begrenzt und dort massiert sind, eignen sich zunächst nicht zur Versicherung. Sie können aber mittelbar im Laufe der Entwicklung der Ernteschädenversicherung aus bei ihr zu bildenden Sonderrücklagen gemildert werden.

Da das Pflanzenschutzgebiet eine große Erfahrung für die wissenschaftliche Erkenntnis voraussetzt, ist die Mitwirkung der Biologischen Reichsanstalt für Land- und Forstwirtschaft in allen diesen Versicherungsarten, werden sie nun von den Hagelversicherungseinrichtungen in Erweiterung ihres jetzigen Aufgabenkreises selbständig aufgenommen oder von der Regierung als Pflichtversicherung ihnen übertragen, unbedingt erforderlich. Sie allein wird in Zweifelsfällen auch die geeigneten Sachverständigen stellen können. Die bestehenden Hagelversicherungseinrichtungen könnten auch für den entsprechenden Nachwuchs sorgen. Das Vorhandensein gesunder und erfahrener Hagelversicherungseinrichtungen ermöglicht überhaupt erst die alsbaldige praktische Durchführung neuer Projekte und gewährleistet ihren Erfolg mit den geringsten Kosten, da eine neue Organisation gerade auf diesem Gebiet viele Jahre gebrauchen würde, ehe sie das gleiche Ergebnis erreichen könnte.

Praktische Erfahrungen mit der Ernteschädenversicherung liegen in geringem Umfange eigentlich nur aus den Vereinigten Staaten Nordamerikas und neuerdings aus Japan vor[1]). In Amerika wurde 1917 von privaten Feuerversicherungsgesellschaften eine Ernteschädenversicherung geboten, die nur Feuer, Überschwemmung, Frost und schlechte Feldbestellung ausschloß. Der Versicherungswert wurde je acre (Weizen, Roggen, Spelz, Hafer, Gerste, Flachs) mit 7 Dollar als Höchstsatz festgelegt und bei Teilschäden der Unterschied zwischen dem tatsächlichen Ernteerlös und dem Versicherungswert ersetzt, wobei für einzelne Fruchtgattungen noch feste Preise in dem Versicherungsschein angegeben waren. Dieser Versuch scheiterte, weil das erste Jahr eine außergewöhnliche Trockenheit brachte. Er hatte auch den Nachteil einer nicht genügenden Rücksichtnahme auf Unter- und Überversicherung. 1920 wurden neue Versuche unternommen, alle Schäden am Ernteertrag (ohne Feuer, Hagel, Wind, Tornado oder mangelhafte Feldbestellung, Pflege oder Aberntung der Felder) zu decken, indem dem Farmer auf jeden acre ein bestimmter Ertrag gewährleistet wurde. Anzahl der Morgen, Ertragsfähigkeit des Bodens und Aufwendungen für Saatgut und Pacht bestimmten die Versicherungssumme. Bei dem Ersatz waren die Marktpreise der Schadenabwicklung maßgebend. Infolge der Gewährleistung eines bestimmten Ertrages übernahm hier der Versicherer das Preiswagnis, ohne daß gute oder schlechte Bewirtschaftung berücksichtigt

[1]) Dr. Valgren nach dem Journal of American Insurance, September 1928, S. 21 und Lanz-Stauffer-Rommel a. a. O. Bd. 1, s. a. Internationale Landwirtschaftliche Rundschau, XXX. Jahrgang 1939, H. 3, S. 185ff.

wurde. Das konnte der Versicherer aber nicht tragen. Nach einem dritten Versuch übernahm der Versicherer das volle Elementarschädenwagnis. Der Wert des acre wurde aber nach dem durchschnittlichen Ertrag der letzten fünf Jahre unter Zugrundelegung eines durchschnittlichen Dollarpreises pro bushel bestimmt. Versichert waren dabei nur 75% des durchschnittlichen Ertrages, keinesfalls aber mehr als dem Marktpreis für Erzeugnisse gleicher Art und Güte im Zeitpunkt der Schadenabwicklung entsprach. Hier konnte also der Versicherungsnehmer bei fallenden Preisen erleben, daß er weniger erhielt als er im Versicherungsschein vereinbart hatte.

Am 16. Februar 1938 wurde durch Abschnitt V zum Agricultural Adjustement Act die Ernteversicherung bundesrechtlich geregelt. Eine unter der Aufsicht des Landwirtschaftsministers stehende Versicherungsanstalt mit 100 Millionen Dollar Kapital und dem Sitz im Bezirk Columbia ist ermächtigt, von der Ernte ab 1939 die Weizenerzeuger gegen Ernteverluste durch höhere Gewalt einschließlich Trockenheit, Überschwemmung, Hagel, Wind, Winterschäden, Blitz, Zyklon, Pflanzenkrankheiten und Schädlinge sowie sonstige durch den Verwaltungsrat der Anstalt bestimmte Schadensfälle zu versichern. Unterlassung der Wiederaussaat oder Schäden, die durch Nachlässigkeit des Landwirts entstanden sind, werden nicht ersetzt. In Aussicht genommen ist ein Ersatz von 50—75% des Durchschnittswerts der Weizenernte. Der Abschluß der Versicherung kann von einer Mindestbeteiligung der Landwirte in der beantragten Gegend abhängig gemacht werden. Die Prämien werden nach dem zur Zeit der Zahlung geltenden Weizenpreis berechnet. Sie können in Weizen geleistet werden. Der Prämiensatz wird nach dem durchschnittlichen Ernteverlust des versicherten Betriebes für eine gewisse Zeit bestimmt. Die Schadenzahlung erfolgt auch entweder in Weizen oder in entsprechenden Barbeträgen. Die Versicherungsanstalt kann Weizen kaufen, bearbeiten, einlagern, versichern, verkaufen und alle hiermit verbundenen Ausgaben übernehmen, natürlich aber nur im Rahmen der zur Verfügung stehenden Prämien. Der Versicherungsnehmer hat auf die Entschädigung einen klagbaren Rechtsanspruch.

Die neue japanische Agrargesetzgebung[1]) sucht die subjektiven Einflüsse auf die Schadenentwicklung organisatorisch dadurch zu beseitigen, daß sie die Versicherung als Pflichtversicherung in die Hände

---

'Obayashi, Die neue japanische Agrarversicherung, Neumanns Zeitschrift für Versicherungswesen 62. Jahrgang, Nr. 12.

örtlicher Agrarversicherungsvereine legt (ähnlich wie bei der staatlich unterstützten Tierversicherung). Diese Vereine erhalten alsdann durch die Kreislandbünde und darüber hinaus durch den Staat Rückversicherungsschutz. Beschränkt ist der Versicherungsschutz zunächst auf: Wasserreispflanzen, Maulbeerblätter, Gerste und Weizen. Schadenursachen sind Sturm, Dürre, Hagel, bei Wasserreis außerdem noch bestimmte Pflanzenkrankheiten, bei Maulbeerblättern Frost und bei Gerste und Weizen Regen und Nässe. Die Versicherungssumme und dementsprechend der Beitrag wird je nach der Leistungsfähigkeit des Bauern unter dem vollen Ertrag festgesetzt, wobei zwischen Eigentümern und Pächtern unterschieden wird. Die Versicherungsleistung ist erst bei einem Ausfall von 30% und mehr fällig, steigert sich aber mit der zunehmenden Stärke der Schäden verhältnismäßig. Die japanische Regierung beabsichtigt durch geldliche Unterstützung die Agrarversicherung stark zu fördern.

In der deutschen Hagelversicherung war es bisher meist üblich, im Schadenfalle nur eine Herabsetzung der Erträge vorzunehmen, dem Bauern und Landwirt aber die Bestimmung der Preise für seine Erzeugnisse bis zu gewissen, von den Versicherungseinrichtungen alljährlich aufgestellten Höchstsätzen zu gestatten. Dabei hatte der Landwirt bis zur Einführung der Marktregelung eine gewisse Chance, gegen seine höhere Beitragsleistung in der Entschädigung mehr als den reinen Schadenersatz zu erlangen, wenn die Preisentwicklung vom Frühjahr zum Herbst abgeglitten war. Nach dem politischen Umbruch ist das Bestreben der nationalsozialistischen Wirtschaftspolitik darauf gerichtet gewesen, den Landwirten angemessene und beständige Preise zu sichern. Es liegt also für Deutschland heute kein Anlaß vor, die Entschädigung aus einer Ernteertragsminderung von einer anderen Grundlage als von dem reinen Wertersatz zu regeln. Es wird vielmehr in Anbetracht des katastrophenartigen Charakters, den eine solche Ernteertragsversicherung in einzelnen Jahren annehmen kann, erforderlich sein, durch eine Integralfranchise von etwa 10% von vornherein die in der Ersatzbewilligung nicht sehr bedeutenden, in der Verwaltung aber sehr teuren Kleinschäden abzuwehren und außerdem an jedem ausgezahlten Schaden der Versicherungsnehmer durch einen Selbstbehalt von etwa 20—25% zu beteiligen, um sein Interesse an der Vermeidung der Ersatzleistung und der Minderung eingetretener Schadenfälle zu erhöhen. Gerade in der für die Ernährung des Volkes ausschlaggebenden landwirtschaftlichen Betriebsführung muß überall der Drang zur Schadenverhütung stärker entwickelt sein als das Begehren auf Schadenvergütung. Trotzdem ist die Schadenvergütung auch nötig, weil in der heutigen Wirtschaft der Betriebserfolg der landwirtschaftlichen Erzeugung immer weniger große Ausschläge nach oben oder unten aufweisen kann, nachdem Marktregelung und Entschuldungsmaßnahmen die Voraussetzung zu einer gleichmäßigeren, auch hier auf die Belange der Gesamtwirtschaft abgestellten Haushaltsführung geschaffen haben.

Um in der Richtung einer Ernteertragsversicherung praktisch weiter zu kommen, wäre es erforderlich, diejenigen Elementarschäden, die nach Vorstehendem sich für einen solchen Versicherungsschutz eignen, einzeln für die deutschen Verhältnisse zu untersuchen, so wie es Dr. Rommel[1]) z. B. für die Frostschädenversicherung bereits begonnen hat. Oberregierungsrat Dr. Schlumberger hat eine solche Untersuchung für die Krautfäule der Kartoffeln übernommen. Andere Untersuchungen sind eingeleitet. Aus diesen Untersuchungen wird alsdann der Umfang des Versicherungsschutzes, die Größe des Wagnisses, seine zeitliche und örtliche Verteilung ersehen. Es werden somit Bausteine für den technischen Aufbau der Versicherung zu liefern sein. Die Biologische Reichsanstalt würde für die Beurteilung der Schäden, für die Maßnahmen der Schadenverhütung und Schadenminderung Richtlinien aufzustellen haben, die die Gewähr für Ablauf der Elementarversicherung im gesamtwirtschaftlichen Interesse bieten. Die Heranbildung eines sachverständigen Schätzerpersonals muß der Aufnahme der Versicherung vorangehen, wobei auf schon vorhandene Sachverständige aus landwirtschaftlichen Kreisen zurückgegriffen werden kann. Die Ausrichtung solcher Sachverständigen auf einheitliche Schätzungsgrundsätze ist zur Vermeidung ungleichmäßiger und unsachgemäßer Schadenabwicklung und auch im Interesse der Bestandsfähigkeit einer solchen Versicherungseinrichtung unerläßlich.

Es braucht nicht weiter begründet zu werden, daß eine solche weitschichtige Versicherungsart wie die Ernteschädenversicherung einer sehr sorgfältigen Vorbereitung bedarf. Dabei ist ihr Inhalt und ihre Gestaltung nicht etwa allein vom Standpunkt des Bauern und Landwirtes zu betrachten, sondern von der Gesamtwirtschaft aus. Die Erhaltung der Wirtschaftlichkeit und der Kaufkraft der landwirtschaftlichen Betriebe ist ihr Ziel. Ihre Versicherungsbedingungen

---

[1]) „Zur Frostschädenversicherung der Kulturen", Bern 1937.

müssen so gehalten sein, daß sie eine wirksame Unterstützung der Regierung zur Herbeiführung einer sorgfältigen Bewirtschaftung und einer Steigerung der landwirtschaftlichen Erträge bilden. Die Fortentwicklung der deutschen Wirtschaft ist die vordringliche Aufgabe, der sich auch dieser Versicherungsschutz unterzuordnen hat.

Schlußbemerkung

Gerade die letzten Ausführungen über die Einführung einer Managementschädenversicherung zeigen die ungeheuere Bedeutung der Zusammenarbeit zwischen Wissenschaft und Praxis. Nur wenn von vornherein für solche Entwürfe der Praxis die Möglichkeit gegeben wird, ihre Auffassung und Erfahrungen zur Gestaltung des Versicherungsschutzes zur Verfügung zu stellen, ist die Gewähr für eine wirklich erfolgreiche Arbeit geschaffen.

Die großen Aufgaben, die der Versicherungswissenschaft und -praxis in der heutigen Zeit gestellt sind, weisen von selbst auf die Bedeutung einer gründlichen Ausbildung hin. Vorschläge sowohl für ein versicherungswirtschaftliches und versicherungsrechtliches als auch für ein versicherungsmathematisches Studium sind bereits der Entscheidung des Wissenschaftsministeriums unterbreitet worden. Natürlich muß dabei eine systematische Durchbildung in den allgemeinen Wissenschaften die Grundlage für das Sonderstudium sein, an die sich die Fachkenntnisse im Versicherungswesen anzuschließen haben. Eine reine Sonderausbildung würde wieder zu einer Isolierung des Versicherungswesens führen, also seinen heutigen Aufgaben und Abhängigkeiten geradezu entgegenwirken. Aber auch eine rein einseitige Ergänzung der allgemeinen Vorbildung, etwa nur nach der rechtlichen, der wirtschaftswissenschaftlichen oder mathematischen Richtung ist unvollständig und für eine erfolgreiche Arbeit unbrauchbar. Das Sonderstudium der Versicherungswissenschaft muß ihre sämtlichen Disziplinen umfassen. Im übrigen darf die Versicherungswissenschaft aber niemals ihre völlige Abhängigkeit von den großen Gesamtgrundlagen unseres Wissens vergessen. So gilt auch für das Wissen von Versicherungswesen das, was Schiller als Pflicht jedes Erdenbürgers bezeichnet hat:

„Immer strebe zum Ganzen, und kannst Du selber kein Ganzes werden, als dienendes Glied schließ' an ein Ganzes Dich an!"

FSC
www.fsc.org
MIX
Papier | Fördert
gute Waldnutzung
FSC® C083411

Kolibri 360 GmbH
Ferdinand-Jühlke-Straße 7
99095 Erfurt, Deutschland
produktsicherheit@kolibri360.de